Christopher Schlicht
Maximilian Bode

KIRCHENREBELLEN

Wir bringen Leben in die Bude

Dem Klub, trotz allem.

INHALT

Im Partyraum 9

1. Volle Pulle Pastor 14
2. Ein unbeliebtes Wunschkind 33
3. Wie soll ich sein? 43
4. So siehst du gar nicht aus 54
5. Nagellack vom Pastor 67
6. Einfach mal machen 80
7. Die Presseabteilung von König Artus 95
8. Anecken 124
9. La-Ola in Schottland 141
10. Weg mit der fingerdicken Staubschicht 159

Am Partydeich 183
Zehn Impulse für Kirchenrebell*innen 185

IM PARTYRAUM

Chris & Max // Ein schwarzer Polo auf einem Klosterparkplatz. Kurz vor Mitternacht steigen zwei Vikare ein. In diesem Fall sind »Vikare« keine praktischen Stützbretter für Kinderbetten von IKEA, sondern die Bezeichnung der evangelischen Kirche für ihre Pastor*innen in Ausbildung. Bei der Aussprache von »Vikar« ist zu beachten, dass das »V« gesprochen wird wie bei »Videos«, nicht wie bei »Vögeln.« Die beiden Vikare sind wir, Max und Chris. Es ist ein bisschen klischeehaft, dass wir in einem Kloster ausgebildet werden, aber so ist es nun mal.

Der Polo ist unser Partyraum, sobald die Kloster-Bar geschlossen hat. Als wir das erste Mal von der Bar im Kloster hören, haben wir sofort zwei Vorurteile: Da gibt's bestimmt keinen Alkohol und: Die Lokalität macht sicher mies früh zu. Zum Glück trifft nur eins der beiden Vorurteile zu.

Nach dem letzten Bier an der Bar ist noch viel von der Nacht übrig. Aber unsere Kolleg*innen gehen jetzt schlafen. Wir nicht. Für uns geht die Party im Auto von Max weiter. Genau für diese Anlässe steht immer eine Notfall-Palette Dosenbier im Kofferraum. Direkt daneben hat Max einen Subwoofer verbaut. Mit dieser Lautsprecherbox kommen die tiefen Schallwellen besonders wuchtig bei uns an, wenn wir *U Got That* von »Halogen« hören. Der Polo heißt übrigens »Stella«. Denn Max gibt allen Gegenständen, die er besitzt, einen Namen. Sein Gefrierschrank heißt »Kühlfrank«. Chris gibt seinen Sachen keine Namen. Er findet das seltsam. Als wir das erste Dosenbier geöffnet haben, schlägt die Klosteruhr im Turm Mitternacht. Dann schalten wir unsere E-Zigaretten an. Wir dampfen die von Chris selbst hergestellte Geschmacksrichtung »Wassermelone mit Eiswürfeln«. Schon nach kurzer Zeit ist das Innere von Stella so vernebelt wie eine Londoner Seitengasse in einem alten Sherlock-Holmes-Film. Auf dem Klosterparkplatz können wir so laut Musik hören, wie wir wollen. Leider haben die Sitze im Polo keine Massagefunktion. Aber die Bassbox tut ihr Bestes, um aus dem Autositz einen Massagesessel zu machen. Wir spielen Song-Pingpong. Die Spielregeln dafür sind einfach. Genau genommen gibt es nur eine einzige: Immer abwechselnd darf einer von uns das nächste Lied aussuchen. Das Spiel funktioniert auch mit mehreren Personen. Dabei wandert der Spotify-Staffelstab einfach im Uhrzeigersinn durch den Raum.

Die Texte der Lieder, die jemand mag, verraten viel über eine Person. Beispiel gefällig?!

Trotzdem seid ihr die, die nichts tun und zuschauen. Es gibt nichts, was euch gefällt, von dem, was andere schaffen. Ein Tipp von »M&N«: *Fresse halten – selber machen.* M&N, das sind Mono & Nikitaman. Max hat das Lied ausgesucht. Er sagt: »Das ist meine Horrorvorstellung. Irgendwann so einer zu werden. Einer, der immer nur meckert, anstatt was zu ändern. Aber im Studium und jetzt in der Ausbildung können wir ja nur drüber reden. Ich will endlich anpacken und vor allem was verändern in der Kirche. Es ist mir scheißegal, ob ich es schaffe, aber ich will es zumindest versuchen. Sonst weiß ich ganz genau, wie das endet. Dann sitze ich als frustrierter Rentner einsam am Fenster und beschimpfe spielende Kinder.«

Mittlerweile ist so viel Dampf im Auto, dass wir nicht mehr rausgucken können. Und auch von draußen kann niemand mehr reinschauen. Chris nimmt einen Schluck und antwortet: »Genau das ist der Punkt. Mit Meckern und Heulen bekommst du die Welt eben nicht verändert. Klar gibt es Grund zum Flennen. Die Kirche verliert immer mehr Mitglieder. Jaja, voll traurig, ich weiß. Aber wir bekommen die Leute nicht mit Heulen zurück. Ich will auch endlich loslegen und was machen. Es gibt so viele coole Kolleginnen und Kollegen, die Megaideen haben. Doch sie merken dann im Job, dass keine Zeit dafür übrig ist. Das zeigt, dass Ideen alleine nichts verändern. Nur wer sie umsetzt, ändert etwas.«

Mache Überstunden, mach mein Hobby zu meinem Job. Mache Spaß, mache ernst, mache durch, mache Bock, singen die »Beginner«. Chris hat den Song ausgesucht. Max nimmt einen Zug von seiner E-Zigarette, pustet den wassermelonigen Dampf an die Scheibe und sagt: »Alter, ich würde ja sogar unbezahlt mehr arbeiten. Wenn ich dafür ein paar von meinen Ideen umsetzen kann. Ich bin das ganze Darüber-Reden leid. Ich will loslegen. Ich will machen. Und dafür würde mir sogar eine halbe Stelle irgendwo in einer Gemeinde reichen. Hauptsache, ich habe Zeit für das, was mir wichtig ist! Zeit, um endlich mal neue Ideen zu testen und einfach so mit den Leuten über Gott und die Welt zu reden.«

Chris schaut nachdenklich in Richtung Fenster, durch das längst nichts mehr zu sehen ist, und antwortet: »Ich will endlich mal Gottesdienste so feiern, wie ich sie geil finde. Also genau so, wie ich sie als Jugendlicher gebraucht hätte. Gottesfeiern mit so viel Gefühl, dass die Leute Pipi in den Augen

haben, und so lustig, dass manche vielleicht auch anschließend Pipi in der Hose haben. Und ich will genug Zeit haben,
um den ganzen abgefahrenen Bumms zu testen, den wir uns
ausgedacht haben: einfach mal ausprobieren, wie es ist, In-
ternet- und Kneipenpastor zu sein.«

Hey, wenn's dir nicht gefällt, mach neu, singt Peter Fox.
Max hat den Song ausgesucht und sagt: »Ich will Kirche neu
machen. Endlich wieder Leben in die Bude bringen. Aber
dafür brauche ich was.«

Chris hebt die linke Augenbraue und fragt: »Und das
wäre?«

Max lässt seine leere Dose in den Fußraum fallen und sagt
grinsend: »Zwei neue Bier für uns.«

Chris lässt die Augenbraue wieder sinken, kann sein Grinsen nicht unterdrücken und öffnet die Autotür. Sofort steigt
eine Dampfsäule in den Himmel, fast so wie bei einem Rock-
konzert. Er holt zwei Dosenbier aus dem Kofferraum und
setzt sich wieder ins Auto. Als er die Tür schließt, fragt er:
»Darf es noch etwas sein, der Herr? Oder brauchen Sie nur
diese Dosenbiere, um die Kirche neu zu machen?«

Daraufhin tut Max etwas Unfassbares: Er bricht die Regel
des Song-Pingpong und sucht noch ein zweites Lied aus. Als
er zum Handy greift, sagt er: »Besondere Situationen erfordern besondere Maßnahmen. Ich könnte dir einfach antworten, aber Rio Reiser hat es besser gesagt, als ich es je könnte.
Deshalb werde ich jetzt noch ein Lied anmachen.« Nach einem kurzen Moment der Stille beginnen »Ton Steine Scherben« zu singen: *Wer soll die neue Welt bauen, wenn nicht du
und ich?*

Chris grinst breit und sagt: »Wenn ich dich und Rio richtig verstehe, dann willst du dir mit mir eine Gemeinde teilen.

Die Idee ist leider geil. Dann hätten wir viel Zeit, nur die halbe Kohle, aber voll Bock. Da muss ich mal drüber nachdenken.«

Max hebt seine Dose, um anzustoßen, und antwortet: »Genau das ist meine Idee. Habe zwar keinen Plan, wie wir das der Kirche verkaufen werden. Aber das ist dann unsere erste Aufgabe als Team. Und jetzt tu nicht so, als ob du noch nachdenkst. Ich habe dich doch schon längst überzeugt. Also heb an die Dose. Darauf müssen wir anstoßen.«

Die Leude woll'n, dass was passiert. Die Leude woll'n das krass serviert, singen »Fünf Sterne deluxe«. Chris hat ausgesucht und sagt: »Geil. Dann wollen wir doch mal gucken, was der liebe Gott auf Lager hat. Und, Alter, sollten wir jemals ein Buch schreiben, dann fangen wir safe mit dieser Geschichte an.«

Max lacht laut und sagt: »Von wegen, als ob wir beide jemals ein Buch schreiben würden. Aber ich packe es mal auf die Liste, direkt zwischen ›Album aufnehmen‹ und ›Sexy-Pastoren-Kalender herausbringen‹.«

Den Rest der Nacht verbringen wir damit, erste Pläne zu schmieden. Das Dosenbier und unsere Ideen sprudeln. Zum Abschluss dreht Max noch mal »Großstadtgeflüster« auf. Die singen: *Jetzt ist Feierabend.* Währenddessen lüften wir das Auto, und Stella, die alte Karre, kann wieder durchatmen. Es braucht den ganzen Song, bis der Dampf verschwunden ist. Dann gehen wir ins Bett, als der Himmel langsam die Farbe von Schwarz zu Blau wechselt.

1. VOLLE PULLE PASTOR

Chris & Max // Pastor zu werden ist unspektakulär. Zuerst kommen ein langes Studium und gut zwei Jahre praktische Ausbildung. Die Kirche hat sich dafür den Namen »Vikariat« ausgedacht. Wenn das alles geschafft ist, dann kommt der große Augenblick: Du darfst deine erste Stelle antreten. Und sobald du eine Gemeinde hast, bist du Pastor. Die Vergabe haben wir uns als großen Festakt vorgestellt. Wie das Staffelfinale einer lieb gewonnenen Serie. Oder zumindest so wie bei »Der Preis ist heiß.« Spannungsvolle Musik ertönt. Eine epische Stimme aus dem Lautsprecher verkündet: »Und ihre erste Stelle ist ... *Kunstpause* ... die Emmaus-Kirchengemeinde in Bremerhaven.« Gleichzeitig öffnet sich unter Nebelzischen eine Schiebewand, und dahinter ist ein Foto der Gemeinde zu sehen. Alle applaudieren, Freudentränen fließen. Ein ganz großes Spektakel.

Aber so läuft das nicht. In unserem Fall ist es ein einfaches Telefonat, in dem wir erfahren, welche Gemeinde wir zukünftig begleiten dürfen. Damit für uns der besondere Moment deutlich wird, haben wir die Nacht vorher gefeiert. In Chris' gemütlich eingerichteter Kellerwohnung, in der er während des Vikariats wohnt. Max bezeichnet die Bude liebevoll als »Hobbit-Höhle«. Am Morgen nach der Party vergehen die Stunden wie im Flug. Um zwölf Uhr soll der Anruf erfolgen. Tut er aber nicht. Von da an kriecht die Zeit dahin.

Wir tun alles, um uns abzulenken, gehen sogar spazieren. Und als wir gerade überlegen, ob wir jetzt den Kniffel-Block rausholen, klingelt endlich das Telefon. Der lang erhoffte Anruf. Leider funktioniert natürlich genau bei diesem entscheidenden Anruf die Technik nicht. Immer wenn wir das Handy auf Lautsprecher stellen, kann uns der Anrufer nicht mehr hören. Wir können also nicht wirklich zusammen mit dem Personalreferenten sprechen. Stattdessen müssen wir, wie in den Neunzigerjahren, bevor die praktischen Freisprecheinrichtungen erfunden wurden, gemeinsam über dem Handy hängen. Während der Personalreferent verkündet, wo unsere erste Stelle sein wird, reiben wir unsere Köpfe aneinander, um beide seine Stimme aus der Sprechmuschel hören zu können. Und dann fällt der für uns so entscheidende Satz: »Joa, es wird Bremerhaven, passt doch ganz gut, oder?« Ganz unspektakulär und fast schon nebenbei am Telefon.

Wir sind beide eher die Stadttypen und haben darauf gehofft, dass unsere erste Gemeinde in einer großen Stadt sein wird. Damit die Frustration nicht so groß ist, wenn es doch Pusemuckel wird, haben wir es nicht gewagt, uns die Stelle genauer auszumalen. Nun ist unsere Hoffnung erfüllt.

Es gibt einen großen Unterschied zwischen Hoffen und Wissen. Zu wissen, dass wir ab jetzt in Bremerhaven arbeiten können, freut uns unendlich. Nach all den Wochen des Hoffens können wir endlich jubeln. Und zum Glück sind wir zu zweit. So kann immer einer von uns die Beherrschung bewahren und so professionell wie möglich weitertelefonieren, während der andere abshaken und feiern kann. Gut, dass wir kein Videotelefonat vereinbart haben. Trotz all unserer Fragen dauert das Gespräch nur eine halbe Stunde. Für den Personalreferenten ist es nur eines von vielen, die er an diesem

Tag führt. Für uns ist es *das* Gespräch. Jetzt werden die Weichen für die nächsten Jahre gestellt. Wir kommen nach Bremerhaven, in die Emmaus-Kirchengemeinde! Fast hätten wir vergessen zu erfragen, welche Gemeinde es eigentlich sein wird – einfach, weil wir so froh sind, in einer Stadt arbeiten zu können. Die meisten Städte haben ja bekanntermaßen mehr als nur eine Kirchengemeinde. Und Bremerhaven bildet da keine Ausnahme. Doch zum Glück sind wir beim Telefonat zu zweit. Und können so sicherstellen, dass wir alle wichtigen Fragen loswerden. Die Alternative wäre auch hart peinlich: Den Personalreferenten nochmals anzurufen und zu sagen:»Entschuldigung, wir haben ganz vergessen zu fragen, wie unsere Gemeinde eigentlich heißt.«

Nach dem Telefonat können wir uns endlich in die Arme fallen. Auch wenn unsere Köpfe schon die ganze Zeit gekuschelt haben, ist jetzt eine richtige Umarmung notwendig. Und eigentlich auch eine Flasche Sekt. Oder irgendetwas anderes zum Anstoßen.

Letztlich entscheiden wir uns für eine Fritz-Kola. Denn wir wollen uns die Gemeinde sofort angucken und nicht nur davon hören. Deshalb setzen wir uns direkt mit der Limo ins Auto und fahren los. *This is the beginning of the rest of our lives,* singt RuPaul. Chris hat ausgesucht. Und er hätte keinen besseren Titel für den Moment auswählen können. Die Hymne für unseren Jobbeginn ist gefunden. Max macht noch einen Zwischenstopp bei einem allseits bekannten Restaurant mit schnellen Burgern. Die Fahrt von Hildesheim nach Bremerhaven dauert gut zwei Stunden. Aber schon nach der Hälfte taucht das erste Highlight für Chris auf. Und damit ist nicht der Burgerladen gemeint, sondern ein blaues Straßenschild. Besagtes Schild steht am Rand der A27 und verkündet, dass noch 127 Kilometer bis nach Bremerhaven zu fahren sind. Bei Chris stellen sich Glücksgefühle ein, als er auf einer Autobahn den Namen seiner zukünftigen Heimatstadt ausgeschildert sieht. Nicht, weil er noch nie in einer Stadt gelebt hat. Sondern, weil er die vergangenen Jahre in einer Kleinstadt verbracht hat, die zu weit von einer Autobahn entfernt ist, um dort ausgeschildert zu werden. Chris wird klar, dass sich unser nächster Lebensabschnitt in so etwas wie einer Großstadt abspielen wird. Mit eigenem Autobahnzubringer und so. *Ich bin Wellenreiter, ich will das Meer sehen, will in die Freiheit gehen*, singt die Band »Massendefekt«. Max hat ausgesucht.

Eine Stunde später erreichen wir Bremerhaven. Nach der Autobahnabfahrt geht es kurz durch ein Industriegebiet. Danach an ein paar kleinen Einfamilien- und Reihenhäusern vorbei – und dann sind wir da: »Die Wohnriegel«, so nennen wir spontan die architektonischen Gebilde, an denen wir vorbeifahren. Ein Hochhaus und drum herum ein Wohnblock am anderen. Alles grau, alles gleich. Wir fühlen uns ganz klein, umgeben von den großen Blöcken. Und natürlich setzt das Wetter zu der Trostlosigkeit, die wir plötzlich empfinden, noch einen obendrauf. Es nieselt. Dieses Wetter ist, wie wir später erfahren, typisch für Bremerhaven. So sehr, dass die Einheimischen einen eigenen Begriff dafür haben: Bremerhavener Sonnenschein.

Zwischen den ganzen Wohnriegeln taucht plötzlich ein Kirchturm auf. Kein Backsteinturm, wie Max ihn an der Küste erwartet hat, sondern ein moderner Turm aus gebürstetem Stahl. Der ist natürlich auch grau, macht aber trotzdem was her, für Leute, die auf Türme stehen. Damit haben wir unser Ziel vor Augen und wissen: Das Ding gehört uns.

Keiner von uns beiden sagt ein Wort. *You're gonna go far, kid*, singen »The Offspring«. Chris hat ausgesucht.

Wir parken in sicherer Entfernung zur Kirche, genau wie Privatdetektive bei einer Beschattung. Dann schlendern wir an der Kirche vorbei. Aber nicht mit Trenchcoat und Zeitung, wie wir es oft in Filmen gesehen haben, sondern in unseren Alltagsklamotten. Unser Ziel ist das einzige Einfamilienhaus im Viertel: das Pfarrhaus.

Während Chris höflich distanziert auf dem Gehweg stehen bleibt, geht Max sofort auf Schnupperkurs. Wie ein fröhlicher kleiner Hundewelpe stürmt er los und drückt seine Nase an die Tür des Pfarrhauses, um einen Blick hineinzuwerfen. Das bringt leider gar nichts, weil die Tür Milchglasscheiben hat. Chris ist das Verhalten von Max ein bisschen peinlich.

Max denkt: »Das ist jetzt ja unsere Gemeinde.« Und dementsprechend benimmt er sich. Zum Glück nicht komplett wie ein Hundewelpe – auf die typische Reviermarkierung verzichtet er. Trotzdem wird sein auffälliges Verhalten sofort bemerkt. Ein Fenster des Nachbarhauses öffnet sich, eine Dame beugt sich vor und ruft: »Entschuldigung Sie bitte, was machen Sie da?«

Eigentlich lautete unser Plan: nur mal locker alles angucken, durch die Gemeinde wandern und erste Eindrücke sammeln. Ein Geheimagent ist an Max allerdings nicht verloren gegangen. Er fällt einfach immer auf. Und so bleibt von unserem ursprünglichen Plan nicht viel übrig. Jetzt müssen wir uns erklären. Keine drei Stunden nachdem wir selbst davon erfahren haben, sagen wir das erste Mal den Satz: »Wir sind hier die neuen Pastoren.«

Auch unseren ersten Auftritt haben wir uns ganz anders vorgestellt. Ein Begrüßungskomitee mit strahlenden Gesichtern hätte uns in Empfang nehmen können – eine jubelnde Menge, voller Vorfreude auf ihre neuen Pastoren. Und wir gehen lächelnd auf die Menschen zu, stellen uns ihnen dann mit offenen Armen vor …

Stattdessen stehen wir ertappt und durchnässt vom Regen auf der Straße, unterhalten uns schreiend mit der Frau im ersten Stock eines Mehrfamilienhauses. Die Fensterruferin stellt sich übrigens als Frau unseres Küsters heraus. Ein Küster, das ist so was wie ein »Hausmeister plus« in der Gemeinde. »Plus«, weil ein Küster deutlich mehr Aufgaben hat als ein Hausmeister. Und er ist zugleich die gute Seele der Kirche. Darum kommt der Mann auch direkt runter auf die Straße und macht mit uns eine kleine Führung durch die Gemeinde. Er zeigt uns die Kirche, das Pfarrhaus und die Räume im Gemeindehaus. Wirklich jeden einzelnen Raum, inklusive erstaunlich vieler Abstellräume. Währenddessen erzählt uns Detlef – wir sind inzwischen schon per Du – auch, was sonst so in der Gemeinde los ist. Und da sind wir ganz Ohr. Denn durch seine Geschichten kommt plötzlich Farbe in das ganze Grau. Die Wohnriegel füllen sich mit Leben. Hinter den immer gleichen Fassaden sehen wir jetzt Menschen mit unterschiedlichen Namen und verschiedenen Biografien. Wir bekommen einen ersten Eindruck von unserer neuen Gemeinde. Das ist für uns ein großes Geschenk. Denn kein Spaziergang hätte uns so viele Einblicke geben können. Und auch wenn wir den Stadtteil Grünhöfe gegoogelt hätten, hätten wir nicht im Ansatz so viel über die Menschen hier erfahren wie durch Detlefs Geschichten. Im Internet finden sich stattdessen Begriffe wie »Brennpunktgemeinde« oder »Stadtteil mit hoher Kinderarmut«. Beides sagt nicht wirklich viel über ein Viertel aus. Lebendig wird alles erst durch die Geschichten und Schicksale der Menschen, die dort leben. Indem wir von ihren Problemen und Brüchen in den Lebensgeschichten erfahren. Für einige ist die eigene Wohnung kein Zuhause mehr, weil der Streit mit der Familie alles überschattet. Andere sind seit Jahren arbeitslos, und es fehlen Perspektiven. Wir merken schnell, dass es hier in der Gemeinde viel zu tun gibt. Arbeit für mindestens die nächsten zehn Jahre.

Chris hat beim Bewerbungsgespräch gesagt: »Gebt uns ruhig eine Challenge, eine Stelle, die sonst niemand will.« Die haben wir bekommen. Beim Rundgang durchs Viertel realisieren wir mit voller Wucht, welche Herausforderungen auf uns warten. Wir erfahren im Gespräch auch, dass die Pfarrstelle, die wir uns jetzt teilen werden, seit über einem Jahr unbesetzt ist. Die Gemeinde hat die Stelle immer wieder ausgeschrieben. Und ein paar Pastorinnen und Pastoren haben sich die Gemeinde auch angeguckt. Aber niemand wollte die Stelle haben.

Als wir wieder im Auto sitzen, sagt Max: »Ich kann alle verstehen, die diese Stelle abgelehnt haben. In dieser Gemeinde ist krass viel zu tun. Alter, wenn ich hier alleine anfangen müsste, hätte ich jetzt wahrscheinlich erst mal geheult.«

Die Aufgaben, die sich nach dem ersten Eindruck vor uns auftürmen, sind kaum zu überblicken.

Nachdem wir einen Moment schweigend nebeneinander im Wagen gesessen haben, sagt Max: »Mit dir zusammen habe ich richtig Bock auf diese Herausforderung.«

Daraufhin grinst Chris und antwortet: »Ich weiß genau, was du meinst, denn mir geht es genauso.«

Wir haben bereits erlebt, dass wir zusammen durch Scheiße waten können und dabei sogar Spaß haben, einfach nur, weil wir zu zweit sind. Chris fällt ein Spruch ein, der auch im Büro von »How I met your mother«-Charakter Barney Stinson hängen könnte: »Probleme sind nur dornige Chancen.«

Eigentlich haben wir geplant, uns noch ein bisschen die Stadt anzugucken. Nach der Führung ist es aber bereits so spät, dass sich das nicht mehr lohnt. Bevor wir uns auf den Rückweg nach Hildesheim machen, halten wir unsere ersten Eindrücke kurz schriftlich fest. Max hat für so was immer ein Notizbuch in der Tasche. Chris findet das ein bisschen seltsam. Vor allem, wenn Max kurz vor dem Aufbruch irgendwohin nochmals panisch zurück ins Haus rennt, nur um sein Notizbuch einzupacken. Das ist auch heute Mittag so gewesen. Jetzt muss Chris zugeben, dass es sich gelohnt hat. Denn so können wir alle Gedanken und Eindrücke festhalten.

Als wir wieder zurück in der Hobbit-Höhle von Chris sind, gönnen wir uns das erste Feierabendgetränk als Pastoren. Zu diesem Anlass greifen wir nicht zur Fritz-Kola, sondern kosten ein paar norddeutsche Biere. Die haben wir uns vor der Rückfahrt in Bremerhaven besorgt, um gebührend auf unsere erste Stelle anstoßen zu können.

*

Bis wir in unsere neue Gemeinde ziehen können, vergehen noch ein paar Wochen. So ein Umzug muss ja auch geplant werden. Dass Chris ins Pfarrhaus zieht, bedurfte aufgrund unserer unterschiedlichen Möbelmengen keiner Diskussion. Und uns war klar: Wenn wir zusammen arbeiten und befreundet bleiben wollen, dann dürfen wir nicht auch noch zusammenwohnen. Eine Wohngemeinschaft im Pfarrhaus kommt nicht infrage. Max zieht in einen der Wohnblöcke.

Ihm ist es wichtig, in der Gemeinde zu wohnen, wie alle anderen. Sich eine hübsche Wohnung in Bremerhaven Mitte zu nehmen hätte seltsam gewirkt. Gemeinsam mit den Menschen, die hier leben, wollen wir den Stadtteil gestalten. Und das geht viel besser, wenn du mittendrin wohnst.

Mit unserem Kumpel Hagen machen wir beide Umzüge hintereinander. Der Umzug von Max geht recht schnell über die Bühne. Leider haben wir nur auf der ersten Fahrt einen großen Transporter. Die zweite Tour mit deutlich mehr Geraffel von Chris müssen wir mit einem kleinen Sprinter durchführen. So werden aus einer geplanten Fahrt zwei Touren und eine Nachtschicht.

Nach dem Einzug ist unsere erste Aufgabe, die Gemeinde kennenzulernen. Wir laufen durchs Viertel und stellen uns jedem, den wir treffen vor: »Wir sind hier die neuen Pastoren.« Danach sagen wir gar nicht mehr viel, sondern hören einfach erst einmal eine Weile zu. Auf diese Weise bekommen wir einen lebendigen Eindruck von unserer Gemeinde. In den Geschichten, die uns die Menschen erzählen, spiegeln sich ihre Wünsche und Hoffnungen. Und genau die wollen wir hören. Wenn's ums Zuhören geht, zitiert Max gerne eine Passage aus Michael Endes Buch »Momo«. Dort heißt es, »Zuhören, das ist doch nichts Besonderes.« In unseren ersten Wochen als Pastoren tun wir nichts anderes. Ganz im Sinne von Momo, denn das Zitat geht wie folgt weiter: »Aber das ist ein Irrtum! Denn richtig zuhören können nur sehr wenige Menschen.«

Allein nach dem ersten Gespräch mit unserem Küster schreiben wir mehrere Seiten in dem Notizbuch von Max voll. Und durch jedes weitere Gespräch kommen mehr Notizen hinzu. Natürlich haben wir durch unser Studium auch einen Sack voller Ideen mitgebracht. Aber von denen erzählen wir der Gemeinde erst mal nichts. Stattdessen versuchen wir herauszufinden, welche von unseren Ideen sich mit denen der Menschen, die hier leben, überschneiden. Welche Hoffnungen wir teilen. Welche Wünsche bestehen. Und wenn wir merken, dass die Schnittmenge groß ist, packen wir Neues an.

Natürlich will die Gemeinde auch etwas von uns hören. Viele sind gespannt, wer nun ihre neuen Pastoren sind. Und dauerhaft lässt sich das »Erzählt doch erst mal von euch«-Spiel auch nicht durchziehen. Deshalb stellen wir uns überall vor. Um nicht immer wieder dasselbe zu sagen, machen wir eine kleine Challenge daraus, unsere Vorstellung immer leicht zu variieren. Zusätzlich soll die Gemeinde Fragen an ihre Pastoren sammeln, die wir dann beantworten. Unsere Kirchenmusikerin Vivi erklärt sich netterweise sofort bereit, die Fragen zu sammeln. Und sie steuert auch den Titel für unsere Antwortvideos bei: »Frag die Captains.« So entsteht unser erstes Youtube-Format. Einmal pro Woche beantworten wir Fragen, egal, was die Menschen von uns wissen wollen. Eine der ersten Anfragen an uns war: »Warum gibt es keinen Brotaufstrich aus Nutella und Erdnussbutter?« Zum Glück hat Chris während seines Studiums lange in der Gastronomie als Koch gearbeitet und kennt daher eine Lösung: Einfach warme Snickers aufs Brot schmieren.

Eigentlich sind diese kurzen Videos nur für unsere Gemeindemitglieder gedacht. Erst als wir von Menschen aus anderen Stadtteilen von Bremerhaven darauf angesprochen werden, merken wir, dass deutlich mehr Leute die Videos sehen, als wir angenommen haben. Wir sind erstaunt, auf wie viel Interesse dieses Format stößt. Eigentlich ist es nur entstanden, weil Max keine Lust hat, Dinge doppelt und dreifach zu erzählen. Nun beschließen wir, einen Schritt weiterzugehen. So wird aus den kurzen Videos unser Podcast »Liebe, Altaaar«. Einmal pro Woche setzen wir uns vor den Altar in unserer Kirche und schnacken eine Runde, während Kameras auf uns gerichtet sind. Und auch in diesem Format beantworten wir Fragen, die uns gestellt werden. Unter den Videos, die wir ins Internet stellen, finden sich mehrere Kommentare, in denen sich einige dafür bedanken, dass wir so »normal« und »verständlich« sprechen.

Kirche wird offensichtlich oftmals nicht verstanden. Denn sonst wäre »Verständlichkeit« kein Kompliment.

Die ersten Gehversuche mit »Frag die Captains« und »Liebe, Altaaar« zeigen uns, dass Menschen nach wie vor neugierig sind auf Gott. Und wir merken, dass Gottesdienst und Predigt alleine nicht mehr ausreichen, um eine möglichst breite Basis anzusprechen. Verschiedene Formate sind wichtig, weil jedes auf seine Weise unterschiedliche Menschen anspricht. Auch wenn einige Leute sich noch in einem Sonntagsgottesdienst wohlfühlen, schauen sich andere lieber zu Hause auf dem Sofa ein Video an. Und wieder andere erreichen wir über Podcasts oder nur im persönlichen Gespräch.

Klar, dass sowohl unser Podcast als auch unsere Predigten keine traditionellen Bibelauslegungen sind. Anstatt von einem in der Gottesdienstordnung vorgegebenen Bibeltext auszugehen, gehen wir oft von den Problemen vor Ort aus, um auf Gott zu sprechen zu kommen. Wir lassen uns von dem inspirieren, was wir aktuell erleben, was uns Menschen auf der Straße erzählen. Und wir sind überzeugt: Alles andere würde gekünstelt wirken. Wir wollen, dass Glaubensthemen für den Alltag Relevanz haben, für die Menschen im

Viertel ein Gesprächsthema sind. Denn die Fragen nach dem Sinn sind da – wir versuchen, Antworten darauf zu finden. Wir sind uns dabei nicht zu schade, auch mal abwegige Fragen zu beantworten. Wie die nach dem Brotaufstrich aus Nutella und Erdnussbutter – ob es den gibt.

Gerade in unserem Stadtteil haben die wenigsten, die hier wohnen, etwas mit der Kirche zu tun. Sie suchen anderswo Antworten auf ihre Fragen. Vielleicht weil sie denken, dass ihnen eh niemand zuhört. Oder weil das, was sie in der Kirche zu hören bekommen, so weit weg von ihrem Alltag ist, dass sie damit nichts anfangen können. Dass die Themen, über die die Pastorin oder der Pastor spricht, nichts mit ihrem Leben zu tun haben. Oder dass sie dort dafür verurteilt werden, wie sie rumlaufen oder wen sie lieben. Und diese Skepsis ist auch nachvollziehbar. Denn die Kirche hat lange viel dafür getan, um solche Vorurteile zu bestätigen. Und an manchen Orten tut sie das leider heute immer noch. Wir stehen vor der Herausforderung zu zeigen, dass es bei uns anders ist.

Das geht in kleinen Schritten: Wir hören den Menschen zu. Wir versuchen, zusammen mit ihnen Antworten zu finden. Und bei uns muss sich niemand verstellen. Alle können sich so zeigen, wie sie sind. Um in Kontakt zu kommen, nutzen wir auch soziale Medien – im Moment sind wir auf Instagram, Youtube und TikTok unterwegs, demnächst vielleicht noch auf anderen Plattformen. Denn dort sind die Hemmschwellen deutlich niedriger, und Leute wagen es eher mal, den Pastor anzusprechen. Wir sind quasi nur einen Klick weit entfernt. Und so trauen sich auch neue Besucher*innen in unsere Gottesdienste, die vorher nur im Netz beobachtet haben, was wir so machen.

Es klingelt. Im Pfarrhaus ist das nichts Ungewöhnliches, da steht des Öfteren mal jemand unangemeldet vor der Tür. Bei Max zu Hause passiert das seltener. Trotzdem hat er sich einen elektronischen Türspion mit Bildschirm eingebaut, um zu sehen, wer vor seiner Tür steht. Meistens ist es die Postbotin. Diesmal aber nicht. Stattdessen steht Finn, der Sohn seiner Nachbarin, dort. Max macht die Tür auf und fragt ihn, was er möchte.

Ein bisschen schüchtern sagt er: »Du, meine Mama hat mich zu dir geschickt, weil ich eine Frage habe.«

»Okay, schieß los.«

»Also, du musst mir erklären, wie das mit der Bibel und den Dinos ist. Wir hatten das heute in der Schule, und meine Lehrerin sagt, es gibt in der Bibel keine Dinos. Warum nicht?«

Max merkt, dass er diese Frage nicht an der Wohnungstür beantworten kann. Also geht er zusammen mit Finn eine Etage runter zu ihm. Seine Mama bietet Max eine Cola an, und er erklärt Finn: »Also, es gibt Drachen in der Bibel. Nicht oft, aber ein paarmal kommen die vor. Dinosaurier werden nirgendwo erwähnt. Die Bibel wurde schon vor sehr langer Zeit geschrieben, und damals wussten die Menschen noch nichts von Dinos.«

Finn denkt kurz über die Antwort nach und sagt dann: »Okay, aber…« Ein ganzer Strom von weiteren Fragen prasselt auf Max ein. »Warum … warum …« Alles, was einem Achtjährigen so durch den Kopf geht. Max trinkt in aller Ruhe seine Cola und versucht, alles so gut wie möglich zu beantworten. Eine halbe Stunde später haben die Fragen von Finn nichts mehr mit der Bibel zu tun. Stattdessen denken beide gemeinsam darüber nach, was Computer besser können als Menschen. Zum Beispiel Matheaufgaben lösen oder Schach spielen. Dafür können sie keine Gedichte schreiben oder einen anderen Menschen umarmen, weil sie ihn gernhaben.

Irgendwann schlummern keine weiteren Fragen mehr in Finn. Und weil Max gerade auch seine Cola ausgetrunken hat, verabschiedet er sich mit den Worten: »Wenn du weitere Fragen hast, komm immer wieder gerne bei mir vorbei.«

Als Max zurück in seiner Wohnung ist, denkt er noch einmal über das Gespräch nach. Dabei stellt er fest: Auf solche Fragen wurde er während des Theologiestudiums nicht vorbereitet. Und: Die wirklich wichtigen Fragen über Gott und die Welt – die kann ein achtjähriges Kind viel besser stellen als Erwachsene.

*

Unsere Kirche soll ein Ort sein, an dem niemand Angst vor Bewertung haben muss. Wir wünschen uns einen liebevollen Raum. So wie ein himmlisches Zuhause. Einen Ort, an dem der Ärger und der Stress des Alltags für ein paar Momente vergessen sind. Einen Raum, in dem nicht wichtig ist, ob du einen Job hast oder womit du dein Geld verdienst. So ist unsere Idee der Zuhausekirche entstanden. Die Kirche, in der genau das möglich ist. Darum sagen wir allen, denen wir begegnen: »In unserer Kirche bist du willkommen, egal wer du bist und was du machst. Du musst nichts leisten. Du kannst einfach nur du selbst sein, das reicht völlig aus. Und du musst dich nicht verstellen oder verkleiden. Das machen wir als Pastoren auch nicht.« Und deshalb beginnen wir jeden Gottesdienst mit den Worten: »Willkommen zu Hause.«

Zuhören, mit Menschen normal reden und deren Fragen verständlich beantworten, das ist nicht viel. Aber für uns ist es der Anfang davon, Pastor zu sein. So können wir durchstarten. Endlich das machen, von dem wir seit Jahren schon geträumt haben. Und das ist ein Befreiungsschlag.

Das graue Bild, das wir anfangs hatten, verändert sich schnell. Im Viertel ist manches auf den zweiten Blick wirklich liebenswert. Wir können in Jogginghose beim Discounter einkaufen gehen, und die Leute feiern, dass sie den Pastor als Jogger auf der Straße treffen. Es stört uns nicht, wenn wir auf dem Weg umgefallenen Mülltonnen ausweichen müssen, aus denen sich gerade ein paar Möwen bedienen. Oder dass vor Kurzem unsere Kirche mit Graffiti besprayt wurde. Auch das juckt uns nicht wirklich. Viel wichtiger als solche Äußerlichkeiten ist uns, dass wir den Leuten eine Zuhausekirche bieten können. Zu zeigen, dass wir hier – mitten in all den Herausforderungen – in einem Brennpunkt der Liebe Gottes leben.

Beim Zuhören haben wir gemerkt, mit wie viel Herz Menschen in unserer Gemeinde arbeiten. All das konnten wir natürlich am ersten Tag, an dem wir hier aufgeschlagen sind, gar nicht sehen. Aber jetzt drückt es uns jeden Tag ein breites Lächeln ins Gesicht. Darum arbeiten wir zusammen gerne an einer weltoffenen und verständlichen Kirche, in der du einfach nur zu Hause sein kannst. Und wir wünschen uns, dass »verständlich sein« in der Kirche irgendwann überall normal ist.

Dass die Leute uns als nahbar erleben, haben wir auch bemerkt, als die lokale Zeitung das erste Mal über uns berichtet hat. Die Reporterin sagte zu Beginn des Interviews scherzhaft: »Jungs, ich muss euch eigentlich nichts fragen, ich weiß alles schon von Instagram.« Das hat natürlich nicht gestimmt, da wir zwar viel, aber bei Weitem nicht unser ganzes Leben in den sozialen Medien teilen. Stattdessen posten wir nur Sachen, die wir auch auf Plakaten über den Marktplatz tragen würden. Nur wenn uns diese Vorstellung nicht unangenehm ist, landet der Beitrag im Netz. Für uns sind soziale Medien eine ausgestreckte Hand: Ein Angebot, um Menschen neugierig auf uns und unsere Gemeinde zu machen. Genau das wollten wir auch mit unserem ersten Pressebild erreichen. Darauf sind wir beide zu sehen, wie wir auf Skateboards durch die Kirche fahren. Bei dem Fotoshooting haben wir zusammen mit dem Fotografen überlegt, wie wir zum Ausdruck bringen können, dass bei uns Dinge anders laufen beziehungsweise rollen.

Der Fotograf fragte ganz vorsichtig: »Dürft ihr denn mit den Skateboards durch die Kirche fahren?« Und wir antworteten grinsend: »Ja klar, das ist unsere Kirche.« So entstand das erste Foto, auf dem wir durch die Kirche skaten. Und natürlich fand das manch eine*r nicht so cool. Unter anderem gab es, nachdem der Artikel erschienen war, einen Leserbrief, der uns vorwarf, dass wir schuld am Untergang der Kirche seien. Als wir das lasen, mussten wir unweigerlich grinsen, denn wir waren erst zwei Monate lang Pastoren. Chris sagte damals mit einem Lächeln: »Jo, das haben wir aber schnell geschafft. Wenn zwei Trottel wie wir auf Skateboards in zwei Monaten eine zweitausendjährige Institution untergehen lassen können, was schaffen wir dann alles in zwei Jahren?«

*

Wir wollen neuen Schwung in die Kirche bringen. Und dafür brechen wir auch gerne mal mit althergebrachten Regeln. Denn wenn du Veränderung willst, ist es wichtig voranzugehen und nicht nur darüber zu reden.

Wir machen gerne den ersten Schritt und rebellieren gegen Althergebrachtes. Und wir wollen zeigen, dass es anders gehen kann als bisher. Um die verstaubten Bilder, die manche von Kirche haben, zu überschreiben, braucht es neue Ansätze. Wir probieren aus, was geht. Unser Ziel ist es, die Gemeinde so zu gestalten, dass sich alle – auch wir – darin wohlfühlen können. Wir wollen Gottesdienste feiern, auf die die Menschen vor Ort und wir selber Bock haben. Dazu gehört auch, dass wir Sachen weglassen, die uns nicht gefallen, und mit alten Vorgaben brechen, von denen wir denken: »Ich kann mich nicht daran erinnern, diesen Regeln jemals zugestimmt zu haben.« Zum Beispiel gelten in Gottesdiensten vieler Gemeinden unausgesprochene Kleiderordnungen. Sonntags wird sich in Schale geworfen, um zur Kirche zu gehen. Und es wird geschaut, was die anderen so tragen, weil niemand unangenehm auffallen will.

Bei uns läuft es anders: Hier darf wirklich jede und jeder tragen, was er will. Es gibt keine Konventionen. Nur lässt sich das schwer zeigen, wenn die Pastoren das seltsamste Outfit von allen tragen: Ein großes schwarzes Kleid. Deshalb haben wir uns vorgenommen, als Pastoren im Gottesdienst unsere Alltagskleidung zu tragen, und darüber mit dem Kirchenvorstand gesprochen. Denn wir wollten niemanden vor den Kopf stoßen. Und dass so etwas nicht alleine entschieden wird, ist klar.

Unser Kirchenvorstand meinte: »Macht das ruhig, euer Vorgänger hat auch schon mal ohne Talar gepredigt.« Damit war die Sache beschlossen, und wir predigen seitdem in Alltagsklamotten. Das heißt bei uns: Sneakers, Jeans, ein Holzfällerhemd oder ein Pulli. Bei Chris kommt eigentlich immer eine Cap dazu. Max wechselt jedes halbe Jahr seine Haarfarbe und verzichtet darum auf Kopfbedeckungen, damit sein gefärbtes Haar besser zur Geltung kommt. Weil wir selbst mit den Veränderungen anfangen, die wir uns schon so lange wünschen, trauen sich auch neue Menschen, in der Gemeinde vorbeizukommen. Plötzlich sehen wir junge Leute in unseren Gottesdiensten. Personen, die genauso wie Max bunt gefärbte Haare haben, und Leute in Jogginganzügen mit Caps. Und keiner wird dafür komisch angeguckt, sondern von uns mit offenen Armen empfangen.

Wer Veränderungen will, sollte nicht darauf warten, dass sie sich einfach so ereignen. Eine*r muss anfangen. Das ist genau unser Ding. Wir beide haben lange genug gewartet. Unser ganzes Studium und Vikariat lang haben wir den Wunsch nach einer anderen Kirche mit uns herumgetragen. Den Wunsch nach einer Kirche mit neuen und vielen verschiedenen Ausdrucksformen.

Nun ist es an der Zeit, diesen Traum auch umzusetzen. Und Gott sei Dank sind wir in einer Gemeinde, die sich genauso wie wir wünscht, dass sich etwas verändert. Denn zu unserem Wunsch nach neuen Formen in der Kirche gehört auch das Wissen, das wir das alleine nicht schaffen. Zum Glück sind wir als Pastoren schon mal zu zweit. Aber auch das Modell »zwei gegen den Rest« ist aussichtslos. Wie passend, dass wir mit unseren verrückten Ideen in unserer Gemeinde bei Weitem nicht alleine sind. Dass andere den Faden aufgreifen, an vielen Stellen anpacken und mitmachen. Dass neue Menschen dazukommen, wenn Kirche kein Museum ist, sondern zu einem offenen Experimentierraum wird.

Aber nicht nur unsere Gemeinde steht hinter uns, sondern auch unsere Vorgesetzten. Denn obwohl wir als Pastoren quasi die Chefs der Gemeinde sind, gibt es noch Menschen, die über uns stehen. Und wie das in der Kirche so üblich ist, haben sie oftmals abgefahrene Titel. Bei uns gibt es beispielsweise eine Superintendentin, was ein bisschen so klingt wie ein Charakter aus einem DC-Comic. Und dann gibt es noch den Regionalbischof. Mit beiden haben wir noch vor unserem Dienstbeginn gesprochen. Und beide haben uns darin bestärkt, dass wir mutig sein sollen und gern auch mal ein Risiko eingehen dürfen. Das direkt am Anfang zu hören, hat saugutgetan. Denn unser Job wäre deutlich frustrierender, wenn unsere Vorgesetzten eine andere Vorstellung hätten. Sie finden sicher nicht alles klasse, was wir machen, aber sie spornen uns dazu an, Neues auszuprobieren.

2. EIN UNBELIEBTES WUNSCHKIND

Chris // Ängstlich und allein – so habe ich mich damals, als ich neun Jahre alt war, in der Schule gefühlt. Und der Grund dafür hatte einen Namen: Dennis. Er hat meinen Nachhauseweg zur Hölle gemacht. Er war der erste »Endgegner« meines Lebens. Lange bevor ich mit Super Mario zum ersten Mal dessen Erzfeind König Bowser besiegt habe.

Anders als Super Mario konnte ich Dennis nicht aus eigener Kraft besiegen. Er war größer als ich, und in seinen Augen war ich »kein richtiger Junge«. Denn ich habe oft geweint, wenn ich etwas ungerecht fand. Ich war ein megasensibles Kind. Meine Gefühle haben mich oft überfordert, und dann flossen die Tränen. In den ersten zwei Schuljahren hatte ich eigentlich nur Freundinnen und war immer der einzige Junge auf den Mädchengeburtstagen. Dann zogen wir um. Von Lüneburg in den Oberharz. In der neuen Klasse wurde alles anders. Dort gab es Dennis. Und ich habe nicht in seine Welt gepasst. Dennis rief immer, wenn er mich sah: »Da kommt Chris, das Mädchen.«

Das hat damals sogar zu meinem Traumjob gepasst, denn ich wollte früher immer »Mama werden«, wenn ich mal groß bin. Aber Dennis beschloss, aus mir »einen richtigen Jungen« zu machen. Sein Werkzeug war so grob wie er: Faustschläge und Beschimpfungen. Da er in der Klasse sehr beliebt war, wurde ich im Handumdrehen zum Außenseiter. Dass mein Papa Pastor war, brachte mir auch keine Coolness-Punkte ein. Das Gegenteil war der Fall.

Ich nahm mir vor: bloß nicht auffallen, um so die Zahl der Schläge klein zu halten. Aber was ich auch versuchte, um mich anzupassen, nichts hat funktioniert. Auf dem Schulhof achteten die Lehrer*innen auf mich, aber auf dem Nachhauseweg war ich allein. Und ich hatte Angst, denn Dennis lauerte mir regelmäßig auf.

Wenn ich es nach Hause geschafft hatte, dann fühlte sich die ganze Welt anders an. Denn ich habe gespürt, dass ich hier geliebt, gewollt und wertvoll bin. Ein Wunschkind. Meine Mama hat mir oft erzählt, wie ich als Säugling beinahe gestorben wäre. Sie erkannte als gelernte Krankenschwester bei mir einen Leistenbruch und brachte mich ins Krankenhaus. Dort wurde sofort notoperiert. Hätte Mama damals noch eine Nacht gewartet, dann würde ich jetzt diese Zeilen nicht schreiben. Eine sechs Zentimeter lange Narbe an meinem Bauch erinnert mich täglich daran, dass das Leben nicht selbstverständlich ist. Es ist ein zerbrechliches Geschenk.

Ich habe Dennis nie besiegt. Es gab keinen Showdown wie im Film. Er blieb stärker, und ich blieb Außenseiter. Diese Zeit hat ihre Spuren hinterlassen. Denn Dennis hat mir ein paar Dinge über das Leben beigebracht. Auch wenn seine Lehrmethoden zweifelsohne fragwürdig waren. Er hat mir gezeigt, wie sehr ich Liebe brauche. Und wie weh es tut, abgelehnt zu werden. Das gilt für uns alle, egal, wie unser Leben beginnt. Irgendwann bringt jemand einen Zweifel in unser Leben, den wir nie wieder loswerden. Jemand zeigt uns, dass wir in seinen Augen nichts wert sind. Diese Erfahrung ist so einschneidend, dass auch wir selbst anfangen, an unserem Wert zu zweifeln.

*

Wenn ich alle Ablenkungen weglasse, dann dreht sich in meinem Leben alles um Liebe. Um Liebe oder das Fehlen von Liebe. Mir wurden die Zweifel, ob ich liebenswert bin, als Kind über Jahre eingeprügelt. Dennis hat mir deutlich gezeigt, dass ich – so, wie ich bin – für ihn keinen Wert habe.

Wütend hat er auf mich eingeprügelt. Wenn er keinen Grund fand, dann schlug er mich grundlos. Als ich das verstanden habe, begann eine neue Freiheit. Auch wenn die Schläge wehtaten, habe ich irgendwann gecheckt: Klein machen und still sein hilft nicht.

Wenn ich sowieso nicht drum herumkomme, dann kann es mir auch wurscht sein, was ein anderer von mir denkt. Dann brauche ich mein Weinen nicht zu verstecken. Und als Außenseiter ohne Chance brauche ich auch nicht zu versuchen, mich zu verstellen.

Dennis sei Dank suche ich Liebe nicht mehr überall. Ich versuche auch nicht mehr, allen zu gefallen, denn so zu leben ist, wie in einem Hamsterrad unterwegs zu sein: Es ist tierisch anstrengend, und man kommt nirgendwo an. Auch Männlichkeitsideale kann sich die Welt gepflegt an den Hut stecken. Damals habe ich nicht reingepasst, und heute sind sie mir egal.

Mein Zuhause hat mich damals gerettet. Ich habe mich oft an der Liebe von zu Hause festgehalten. Und das hat mich dazu ermutigt, so zu bleiben, wie ich bin. Echter Liebe muss man nichts recht machen. Liebe zeigt uns, dass wir längst richtig sind.

Eine der wichtigsten Erfahrungen war es, zu erleben, dass ich im Leben mehrere Gefühle gleichzeitig haben kann. In der Schule war ich zwar ängstlich und allein, aber die Liebe von zu Hause hat mir Mut gemacht. Und heute bin dankbar dafür, dass mein Leben so liebesversifft ist.

Genauso wünsche ich mir Kirche. Ein Zuhause, das dich annimmt, wie du bist. Mit einem Gottesdienst, der Mut macht und Kraft schenkt. Denn das Leben hat echte Scheißzeiten auf Lager. Damit die Angst keine Solokarriere hinlegt, müssen wir der Liebe eine Bühne geben. Denn im Duett mit der Liebe kann ich jedem anderen Gefühl zuhören.

Wenn wir die Liebe Gottes ernst nehmen, dann ist die Kirche der Ort, an dem alle ein Zuhause finden. Ein Zuhause für all diejenigen, die auch erleben mussten, dass sie nach Meinung anderer wertlos sind.

Manchmal hassen uns Menschen, weil wir so sind, wie wir sind. Aber Gott liebt uns immer, weil wir so sind, wie wir sind. So, wie er uns gemacht hat. Gott nimmt uns an, auch wenn andere Menschen uns ablehnen. Es ist megaabgefahren, wie sich manchmal unser ganzes Leben drehen kann. Früher bekam ich Schläge für meine Gefühle. Und heute helfen sie mir und anderen, weil ich sie zeige. Das, was mich früher verletzlich gemacht hat, macht mich heute stark.

Als Teenager bekommen wir ja klassisch noch eine Extraportion an Emotionen obendrauf. Ich hatte schnell raus, wie ich meine Gefühle schützen kann. Damals wurde mein Herz durch eine Armee von Pokémonkarten vor Eindringlingen beschützt. Auf dem Nintendo 64 habe ich erlebt, wie es sich anfühlt, wenn ich zur Abwechslung mal einen Endgegner besiege. Dann zogen wir wieder um. Als Fünfzehnjähriger zog ich ins Kloster Loccum ein, weil mein Vater dort eine neue Arbeitsstelle antrat. Im Kloster Loccum gibt es schon lange keine Mönche und Klosterregeln mehr. Heutzutage wird in den Klosterräumen die neue Pastor*innengeneration ausgebildet. Und mein Papa wurde Ausbilder – offiziell nannte sich sein Job »Studiendirektor des Predigerseminars«. Ich habe im Kloster damals von einer Tradition der Mönche gehört: Wenn jemand am Klostertor klopfte und hineinwollte, dann sagten die Mönche zur Begrüßung: »Die Tür steht offen, das Herz umso mehr.« Diesen Satz habe ich mir gemerkt. Die Idee von einer Kirche, die das liebende Herz betont, begeistert mich. Damals in Loccum wusste ich noch nicht, dass ich ein Jahrzehnt später wiederkommen würde, um selber Pastor zu werden. Und ich ahnte erst recht nicht, dass sich mein Leben in einem dampfenden Polo auf dem Klosterparkplatz entscheidend ändern würde.

*

Jeder neue Ausbildungsjahrgang wurde zu uns in den Garten eingeladen. Beim abendlichen Grillen habe ich dann die neuen Vikarinnen und Vikare kennengelernt und mich gerne mit ihnen unterhalten. Denn viele waren total lustig und cool. Also wirklich cool, und nicht dieses »Altpastoren hotten ab in der Konfidisko-cool«.

Wenn ich dieselben Menschen bei einem Gottesdienst in ihren schwarzen Batman-Kleidern erlebt habe, schienen sie mir wie ausgewechselt. Plötzlich klang ihre Stimme so, als hätten sie an Seide gelutscht. Beim Sprechen haben sie an völlig … unpassenden Stellen … Pausen gemacht. Und sie haben Worte benutzt, die ich längst für ausgestorben hielt. Gottesdienste waren anscheinend eine Kostümparty für

Wortarchäolog*innen. In der Predigt präsentierten sie ihre Fundstücke: »Haben wir das nicht alle einmal erwogen?«

Und ich dachte mir: »Ne, Alter, gewogen habe ich mal was, aber erwogen noch nie!« Doch ich schien der Einzige zu sein, den das störte. Gleichzeitig hatte ich das Gefühl, dass derartige Predigten wohl nicht für mich gehalten werden. Denn wenn ich die Worte wenigstens verstehen würde, dann hätte ich die Wahl, zu- oder wegzuhören. Aber durch diese Polonaise der Uraltworte wurde mir die Wahl abgenommen.

Im Rückblick überwiegt dennoch das Positive, wenn ich an diese Zeit zurückdenke. Ich habe gemerkt, dass Grillabende ein Leben verändern können. Einige Gespräche haben ein Echo bis heute. Denn jede und jeder hat mir einfach, ehrlich und echt auf meine Fragen geantwortet. So hat sich mein Herz ganz langsam für den Glauben geöffnet. Wenn Gott sich in der Bibel verstecken würde, dann wäre ich wohl noch immer auf der Suche nach ihm.

*

Als ich meine erste Freundin kennenlernte, änderte sich mein Leben schlagartig. Ich war sechzehn und sie 32 Tage älter als ich. Sie hieß Anna, und ich lernte schnell, dass eine Handyrechnung allein durch das Schreiben von SMS dreistellig werden kann. Ich weiß noch, wie erleichtert ich war, als meine Mama mit einem Grinsen die Rechnung bezahlte. Darüber hinaus brachte mir meine Freundin bei, dass Werbeversprechen mit Vorsicht zu genießen sind. Denn meine Moschus-Parfumprobe aus dem Kaufhaus stank mehr, als dass sie sie verführte. Sie schickte mich erst mal duschen.

Viele Entscheidungen in meinem Leben habe ich aus Liebe zu anderen getroffen. Im Rückblick schnalle ich, dass mich Gott auf diese Weise zu ihm geführt hat. Denn Anna war Mitglied in der evangelischen Jugend.

Natürlich wurde ich kurze Zeit später auch Mitglied in der Jugendgruppe. Dort habe ich nach einer Weile meine erste Andacht gehalten, ohne an Gott zu glauben. Damals hatte ich schulterlanges, lockiges Haar und war megaschüchtern. Deshalb trug ich bei der Andacht meinen Haarhelm auch größtenteils vor dem Gesicht, und meinen Notizzettel hielt ich wie einen Schutzschild vor mich. Zum Glück wurde außer meinen eigenen Gefühlen bei dieser Andacht niemand verletzt. Aber das, was Jesus gesagt hat, hinterließ Spuren: »Fürchtet euch nicht, denn ich bin bei euch.«

Mit der ersten Freundin erreichten dann auch Beziehungsprobleme ein ganz neues Level. Und manche Level sind nur im Multiplayer-Modus zu schaffen. Das begriff ich bei einer Wanderung, die meinem Leben eine neue Dimension verliehen hat. Ich wanderte mit Matthias, einem brudergleichen Freund, durch den Harz auf einen Berggipfel. Matthias merkte, dass es mir nicht gut ging, weil mir meine Gefühle mal wieder viel zu viel geworden waren.

Oben angekommen, setzte er sich auf einen umgefallenen Baum und fragte, was los sei. Es brach aus mir heraus wie ein Wasserfall. Wir redeten eine halbe Stunde lang, und er gab mir Tipps, an die ich bis heute denke. Zum Beispiel, dass ich in einer Liebesbeziehung immer bitten kann, aber mir saugut überlegen muss, wann ich etwas verlange.

Nach dem Gespräch gingen wir den Berg wieder hinunter, und ich fühlte mich wie befreit. Als hätte ich den ganzen schweren Mist da oben gelassen. Die Erleichterung habe ich nur durchs Reden bekommen. Einfach nur reden.

Damals habe ich zwei Dinge begriffen: Erstens, dass mit Gottes Hilfe aus Worten Wege werden können. Und zweitens, dass ich lernen wollte, anderen durchs Reden ein Begleiter und Wegweiser zu werden. Wenn ich anderen Menschen durch Gespräche helfen kann, mit ihren Gefühlen leben zu lernen, dann ist das genau mein Ding. Pastor*innen nennen das Seelsorge. Eine treffende Formulierung: Wir sorgen uns gemeinsam um unsere Seele, das Zirkuszelt unserer Gefühle.

Wie vielschichtig die Sache mit den Gefühlen sein kann, habe ich als Jugendlicher häufiger erfahren. Hart war es, als meine Eltern sich scheiden ließen. Ich war siebzehn.

Das erste Weihnachtsfest mit Miggel, dem neuen Freund meiner Mama, werde ich nie vergessen. Denn wir haben mit blauen LED-Schläuchen für den Weihnachtsbaum eine Unterbodenbeleuchtung gebastelt wie bei »The Fast And The Furious«. Beim Schmücken haben wir dann keine klassische Weihnachtsmusik gehört, sondern Songs von »Deichkind« dröhnten aus den Boxen. Es hat sich anders, aber trotzdem nach Familie und Zuhause angefühlt.

*

Für meinen Zivildienst zog ich nach Hannover. Dort arbeitete ich an einer Schule für geistig und körperlich eingeschränkte Kids. Als Betreuer*innen waren dort insgesamt vierzig junge Erwachsene unterwegs, die entweder als Zivi gearbeitet, ein Freiwilliges Soziales Jahr oder ihre Ausbildung als Heilerziehungspfleger*in gemacht haben.

Ich war damals wieder Single. Und ich habe mich schnurstracks in eine FSJlerin verliebt. Aber sie hatte einen Freund. Mein Kopf wusste, dass die Sache chancenlos war, aber mein Herz ließ nicht mit sich reden. Sie hieß übrigens auch Anna. Mein Muster ist offensichtlich. Ein ganzes Jahr lang war ich unglücklich verliebt.

Wenn man hoffnungslos verliebt ist, dann hat man genau zwei Möglichkeiten: Entweder billigen Rotwein trinken und Gedichte im Internet veröffentlichen oder mit Sport anfangen und Rockgottesdienste besuchen. Ich entschied mich für Letzteres. Dabei habe ich zum ersten Mal gecheckt und gefühlt, was ein Gottesdienst sein kann: ein Akkuladegerät. Ich habe eine Liebe und Kraft gespürt wie nie zuvor. Das Geschenk der Liebe Gottes. Und ich habe erfahren: Das Gebet ist wie eine Powerbank, die wir überall mit hinnehmen können. Der Gottesdienst eine Feier, um Gott zu begegnen. Und die Aufforderungen, »lasst uns beten« und »lasst uns ballern«, können kombiniert werden – zu einem Gottesdienst mit Bass und Gebet. Diese Form des Rockgottesdienstes war derbe anders, als ich es bisher kannte.

Das kraftvolle Gefühl der Liebe in den Gottesdiensten schlich sich in meinen Alltag ein. Und jedes Gebet war wie ein Energydrink. So begann die Liebesgeschichte zwischen Gott und mir. Das änderte mein Leben.

*

Am Ende des Zivildienstes entschied sich Anna, Sonderpädagogik zu studieren. Natürlich dachte ich: »Oh, Sonderpädagogik, das wollte ich auch schon immer studieren. Ach wie praktisch, dann kann ich ihr ja hinterherziehen.« Aber als ich auf der Homepage der Universität las, wie gut der Abi-Notendurchschnitt sein müsste, um Sonderpädagogik studieren zu können, bekam ich einen Lachanfall. Meine Abi-Note war viel zu schlecht. Nicht knapp daneben, sondern Lichtjahre entfernt. Gott hatte wohl anderes mit mir vor, und das zeigte sich kurz darauf in einer Kneipe im Oberharz.

Im »Kellerklub« in Clausthal saß ich mit Erik, einem weiteren brudergleichen Freund, um ihm von der Tragödie zu erzählen, dass ich mein Traumfach Sonderpädagogik nicht studieren könne. Er durchschaute mich sofort. Breit grinsend nahm er einen Schluck von seinem zweiten Bier und stellte mir eine Frage, die saß.

Es gibt Fragen, die teilen das Leben in ein Vorher und Nachher.

Und Eriks Frage lautete: »Chris, Glauben ist doch voll dein Ding. Warum wirst du eigentlich kein Pastor?«

Mein erster Gedanke war: *Ich kann doch nicht das Gleiche machen wie mein Vater, das ist zu klischeehaft.*

Als ich versuchte, das Erik zu erklären, unterbrach er mich sofort: »Das lasse ich dir nicht durchgehen. Du wirst manches vielleicht ähnlich machen, aber auf deine Weise doch ganz anders sein.«

Das machte mich sprachlos – und drückte mir ein breites Grinsen ins Gesicht. In diesem Moment voller Zigarettenrauch und Bier begriff ich, dass Gott auch in Kneipen wirkt.

Ich brauchte diese Frage von Erik und sein Vertrauen in mich. Denn es wäre für mich irgendwie überheblich gewesen, zu sagen: »Klar kann ich Leute in den traurigsten und schönsten Momenten ihres Lebens begleiten, kein Ding für den King.«

3. WIE SOLL ICH SEIN?

Max // Ein bunter Hund war ich schon immer. Nicht weil meine Haare bereits früher so farbenfroh waren wie heute, sondern ganz im Sinne des Sprichworts: »Bekannt wie …«

Ich kannte viele Leute, und viele kannten mich. Trotzdem habe ich nirgendwo richtig dazugehört. Ich hatte zwar Freundinnen und Freunde, aber alle, zu denen ich einen guten Draht hatte, waren in verschiedenen Cliquen. Der eine bei den Nerds, die in der Pause dem Hausmeister halfen, einen Tageslichtprojektor zu reparieren. Die andere war bei den Punks, die lautstark in einer Ecke des Schulhofs über Musik diskutierten. Die Nächste bei den Emos, die rauchend vorm Schulgelände standen. Der Nächste bei den Sportlern, die in den Pausen meistens kickten.

Und eigentlich fand ich das immer ganz cool, einfach viele Menschen zu kennen. Aber ich weiß auch noch, wie mich mal jemand fragte: »Max, zu welcher Gruppe gehörst du eigentlich? Du bist weder wirklich Punk noch Skater noch Gothic.« Ich hatte keine Antwort. Klar, alle Styles fand ich irgendwie cool. Ich trug damals fast ausschließlich schwarze Klamotten mit Patches, dazu einen Nietengürtel, der stilecht nur halb über der Hose hing, und war viel mit meinem Skateboard unterwegs. Aber ich hatte irgendwie keine Lust, mich einer dieser Subkulturen volle Pulle anzuschließen. Stattdessen fand ich es besser, mir jeweils das herauszupicken, was ich gerade mochte, und etwas Eigenes daraus zu machen. Das ist bis heute so. Ich liebe Punkmusik, fahre immer noch viel Skateboard, und mein Kleiderschrank ist nach wie vor mit vielen schwarzen Klamotten bestückt – wenn auch nicht mehr ausschließlich.

Heute finde ich Cliquengehabe ein bisschen albern. Als Schüler habe ich darüber nachgedacht, ob ich eine feste Bezugsgruppe brauche. Aber keine der Pausenaktivitäten in der Schule war so, dass ich mitmachen wollte. Meistens bin ich von einer Gruppe zur nächsten gewandert und habe nur kurz mit den Leuten geschnackt, ohne richtig zu einer bestimmten Clique zu gehören. Stattdessen bin ich meinen eigenen Weg gegangen.

Trotzdem hätte ich gerne irgendwo richtig dazugehört. Manchmal macht das unser Leben einfacher. Dann hast du deine Leute, alle können dich irgendwie zuordnen, und du selbst hast eine klare Position. Ein paarmal startete ich sogar recht verzweifelte Aktionen, um dieses Ziel zu erreichen. Einmal probierte ich, mir mit Süßigkeiten eine Clique zu erkaufen. Ein anderes Mal beschloss ich, die Punks zu meiner Bezugsgruppe zu machen. Entsprechend hat meine Schwester mir die Haare zu Spikes gegelt. Ich sah aus wie ein Igel mit Größenwahn. Beide Male musste ich mir von meinen Eltern anhören: »Max, das bist nicht du! Und so lassen wir dich nicht aus dem Haus gehen!« Auch wenn ich das damals doof fand, bin ich heute meinen Eltern dankbar für ihr Einschreiten. Denn so haben sie verhindert, dass ich, ohne nachzudenken, den einfachen Weg einschlug. Stattdessen musste ich mir meine Identität selbst erarbeiten, ohne den Vorgaben einer Clique zu folgen.

Immer wieder hatte ich als Teenie das Gefühl, mich anderen gegenüber beweisen zu müssen. Nicht nur in der Schule, sondern auch in meiner Freizeit. Ich war in einem Kampfsportverein und lernte dort Wing Chun. Geholfen haben mir die Skills, die ich dort lernte, letztlich nicht. Die einzige Schlägerei, in die ich jemals geraten bin, habe ich mit einer gebrochenen Nase und als klarer Verlierer verlassen. Eine weitere Freizeitaktivität, die ich länger verfolgte, war Schwimmen. Denn genauso wie meine Mutter bin ich eine Wasserratte. Meine Eltern schickten mich daher früh zum Schwimmtraining. Allerdings gefiel mir der Wettkampf- charakter nicht. Das lag vielleicht daran, weil ich nie ein Wettschwimmen gewonnen habe. Also wechselte ich zur DLRG. Dort konnte ich Abzeichen machen, wenn ich es wollte, musste aber an keinen Turnieren teilnehmen.

Als ich irgendwann ein Instrument lernen wollte, schick- ten mich meine Eltern zum Musikzug. Natürlich fand ich mehrere Instrumente spannend, aber ich musste mich für eines entscheiden. Meine Wahl fiel auf das Saxofon. Das In- strument, das seinen Platz genau in der Mitte zwischen Holz- und Blechbläsern hat, auch wenn es offiziell zu Letzteren ge- hört. Die anderen Instrumente, die ich spannend fand, musste ich mir dann selbst beibringen. So kann ich heute auch ein bisschen Gitarre und Bass spielen. Immerhin rei- chen meine Skills, um am Lagerfeuer zwei, drei Lieder zu begleiten.

Bei all diesen Freizeitaktivitäten mochte ich die Men- schen, die mit mir unterwegs waren. Trotzdem habe mich nie so ganz wohlgefühlt, weil ich mich immer anpassen musste. Jede Gruppe, zu der ich kam, hatte ihre eigenen Re- geln und Werte. Und einige lebten die selbst gewählte Rolle voll aus. So richtig klischeemäßig: Die Jungs von der DLRG waren hart drauf, manche ziemlich prollmäßig. Im Musikzug war es angesagt, cool zu sein, ständig auf dem Instrument zu üben und bei allen Auftritten Präsenz zu zeigen. So war ich nie und so wollte ich auch nicht sein. Und so eifrig ich auch suchte: Eine Gruppe, zu der ich gehören konnte, einfach so, wie ich war, fand ich nicht.

Geändert hat sich das erst nach meiner Konfirmation. Nicht meine Einstellung hat sich geändert, sondern die Frage der Zugehörigkeit: Was ich kaum mehr für möglich gehalten hatte, wurde wahr: Ich fand eine Gruppe, zu der ich Ja sagen konnte und in die ich passte: In der Kirche gab es eine Jugendgruppe. Ein bunter Haufen. Böse Zungen würden sagen: »Die, die nirgendwo sonst reinpassen.« Für mich war diese Truppe aber ideal. Denn das erste Mal hatte ich das Gefühl, niemandem etwas vorspielen zu müssen. Ich konnte und durfte einfach so sein, wie ich eben war. Und das war für alle okay, weil alle anderen auch irgendwie unangepasst waren.

Unser Pastor gestand uns viele Freiheiten zu. Als wir Lust hatten, eine Band zu gründen, organisierte er uns das Startkapital für die notwendige Technik. Den Probenraum mussten wir zwar selber herrichten, aber ab diesem Zeitpunkt wurde im Gottesdienst sonntags nicht nur Orgelmusik gespielt. Ab und an konnten wir mit unserer kleinen Kirchenband auftrumpfen. Jeden Sommer fuhr die Jugendgruppe auf Sommerfreizeit, irgendwohin. Zwei Wochen Zeltlager in Messanges an der französischen Atlantikküste oder eine Woche in eine Jugendherberge in Müden an der Örtze. Aber das war uns noch nicht genug, wir wollten als Gruppe noch mehr Zeit miteinander verbringen. Deswegen erlaubte unser Pastor uns, für eine Woche in den Sommerferien das Gemeindehaus zu besetzen, damit wir noch eine weitere Freizeit durchführen konnten. Die Planung und Organisation dafür übernahmen wir selbst. Fortan gab es nicht nur die von Hauptamtlichen geplante Sommerfreizeit, sondern auch unsere selbst organisierten »Churchy-Heroes-Tage«. Der Name war unser Programm: Wir sahen uns als Helden und Heldinnen für unsere Kirche.

Aber es wurde noch cooler. Der Grund dafür war Sandra, die als Vikarin in unsere kleine Dorfgemeinde kam. Sandra hatte unter anderem in Berlin studiert und brachte eine ganze Portion Großstadtflair mit. Sie schrieb damals schon einen Blog und war auf Twitter unterwegs. Auch war sie die erste Person, die in unserem Dorf ein iPhone besaß. Importiert aus den USA – total cool, obwohl das iPhone die ersten Wochen noch einen SimLock von AT&T hatte und in Deutschland nicht richtig funktionierte. Sandra konnte zwar über das WLAN Apps herunterladen und nutzen, aber telefonieren und Nachrichten senden konnte sie nicht. Zwei damals gar nicht so unwichtige Funktionen für ein Telefon. Vor allem hat Sandra uns aber gezeigt, wie viel mehr Kirche sein kann. Natürlich hatten wir in unserer Jugendgruppe vorher auch schon coole Aktionen erlebt. Wir waren beispielsweise auf dem Kirchentag in Hannover. Aber mit Sandra fuhren wir nun zu Konzerten von Hillsong United oder auf das Christival, ein christliches Jugend-Festival. So war ich mit der Jugendgruppe auf meinem ersten Konzert und auf meinem ersten Festival.

Natürlich fand ich nicht alles, was wir unternommen haben, cool. Denn auch Christ*innen können Gruppenzwänge entwickeln. Da geht es dann eben nicht darum, wer der größte Draufgänger ist, sondern wer der oder die größte

Beter*in ist. Ich erlebte leider auch, dass Christ*innen ausgrenzend sein können. Besonders gegen Homosexuelle. Beides war bei uns in der Jugendgruppe zum Glück kein Thema. Wir haben nie Wettbewerbe veranstaltet, wer am besten betet. Und es war uns allen auch egal, dass eine Teamerin lieber ein Junge sein wollte und heute auch ist. Diese Erfahrungen haben mir vor allem eines gezeigt: Kirche ist nicht nur die kleine Kapelle bei uns im Dorf, sondern so viel facettenreicher. Und die Vielfalt ist ihre Stärke. Denn nur so kann Kirche das schaffen, was sie mir ermöglichte: Ein Ort zu sein, an dem jede und jeder so sein darf, wie er oder sie ist. Eben so, wie Gott uns geschaffen hat.

*

Obwohl mir Kirche und mein Glaube in meiner Teenager-Zeit sehr wichtig geworden sind, hatte ich damals nicht vor, Theologie zu studieren. Auch wenn ich in Religion die beste Schulnote hatte. Das lag aber daran, dass der Lehrer uns immer selbst die Noten bestimmen ließ. Selbstbewusst habe ich mir stets die bestmögliche Punktzahl als Note für mich vorgeschlagen. Daraufhin antwortete der Lehrer jedes Mal: »Pass auf Max, 15 Punkte sind für Gott, 14 Punkte sind für mich, 13 Punkte kannst du haben.« Und damit war ich dann zufrieden.

Einmal war mein Reli-Lehrer aber regelrecht prophetisch. Nach dem Schul-Abschlussgottesdienst, den ich mit vorbereitet hatte (und das erste Mal eine Predigt hielt), kam er zu mir und sagte: »Wenn das mit der Kunst bei dir nichts wird, denk doch noch mal über Theologie nach. Pastoren wie dich braucht die Kirche.«

Damals war es mein Plan, Kunst zu studieren und später vom Verkauf meiner Werke zu leben. Na gut, eigentlich wollte ich so ungefähr alles mal werden: Architekt, Goldschmied, Umweltingenieur und Rabe. Als ich ein Rabe werden wollte, war ich wirklich noch sehr klein, gerade mal vier Jahre alt. Sechs Monate lang mussten meine Eltern mich damals Abraxas nennen, das erzählt meine Mama immer gern mal wieder. Und manchmal, wenn ich meinen Talar anziehe, fühle ich mich auch heute noch wie der Rabe Abraxas.

Nach dem Abitur habe ich mich für den Studiengang »Bildende Kunst« beworben. Dazu brauchte ich eine »Mappe« mit möglichst vielen eigenen Arbeiten. Über Monate malte ich nach der Abi-Prüfung – von abstrakt bis beinahe realistisch. Und ich probierte mich in den verschiedensten Techniken und Ausdrucksweisen der Kunst aus. Besonders in denen, die in der Schule nicht erlaubt waren. Also Graffiti. Weil mein Papa aber nicht wollte, dass ich unsere Hauswand verziere, bauten wir im Garten eine Holzwand, die ich besprayen durfte. Alle meine Holzwand-Werke habe ich fleißig für die Bewerbungsmappe fotografiert. Aber die Hochschule wollte mich nicht. Ein herber Schlag. Bisher hatte eigentlich immer alles geklappt, was ich mir vorgenommen hatte. Wenn auch oft nicht beim ersten Anlauf. Für die praktische Führerscheinprüfung habe ich zum Beispiel drei Versuche benötigt, weil ich immer dann, wenn es darauf ankam, eine entscheidende Verkehrsregel nicht eingehalten habe. Ich finde Regeln nicht so wichtig. Aber das sah der Führerscheinprüfer logischerweise ganz anders.

Natürlich war das Jahr nach dem Abitur nicht ausschließlich für die Arbeit an meiner Bewerbungsmappe reserviert. Nebenher machte ich meinen Zivildienst. Nicht bei uns im

Dorf, sondern in der nächsten Kleinstadt. In Sarstedt, um genau zu sein. Diese Kleinstadt zum Großraum Hannover zu zählen wäre übertrieben. Aber die Straßenbahn aus Hannover endet dort. Und immerhin gibt es dort einige Hochhäuser. In einem Viertel mitten zwischen den Hochhausblöcken lag der Kindertreff, in dem ich arbeitete. Das Gebäude war in den 70er-Jahren als kleines Café mit Supermarkt geplant worden. Das Café gab es auch noch, dort saßen größtenteils türkischstämmige Papas. Nebenan, im ehemaligen Supermarkt, war der Kindertreff untergebracht. Dort arbeitete ich als eine Art Hausmeister. Tatsächlich habe ich aber mehr mit den Jungs im Kindertreff gekickert, statt zu fegen. Und in neun Monaten habe ich lediglich drei Spiele verloren. Was zugegebenermaßen nicht schwer war, weil die Gegner im Schnitt sechs oder sieben Jahre alt waren. Die drei verlorenen Spiele waren diejenigen, die ich gegen die großen Brüder bestritten habe. Die Gleichaltrigen haben mich knallhart abgezogen.

Fasziniert hat mich in dieser Zeit meine Chefin Bärbel, eine Vollblut-Sozialarbeiterin. Bewusst lebte sie in einem der Hochhäuser, genau wie alle anderen im Stadtteil. Und natürlich konnte sie auch ordentlich über die Gegend meckern und Storys erzählen, bei denen mir damals die Ohren geschlackert haben. Von Bentleys und Bugattis, die nachts auftauchen, weil ihre Besitzer krumme Geschäfte im Viertel abwickeln. Oder von einer Schießerei vor einigen Jahren.

Heute arbeite ich selbst in einer Gegend, über die solche Geschichten erzählt werden. Und nun weiß ich auch, dass viele der Geschichten krasser klingen, als sie es in Wirklichkeit sind. Nur weil ein Mercedes SL500 durchs Viertel fährt, heißt das nicht, dass darin der Drogenboss von Bremerhaven sitzt. Es kann genauso ein Rapper sein oder einfach nur jemand, der sich für einen Tag so fühlen will. Und ich kenne mittlerweile Typen, die sich ihre Luxusautos ganz legal verdient haben. Auch wenn sie dann meistens geleast sind und nicht – wie in den Rap-Songs – bar bezahlt.

Der Kindertreff gehörte zur Stadtjugendpflege, die ihre Räumlichkeiten eigentlich am anderen Ende von Sarstedt hatte. Aber genauso wie Bärbel hatte die Stadt erkannt: »Wir müssen dahin gehen, wo die Kinder uns brauchen. Wir dürfen nicht darauf warten, dass sie zu uns kommen.« Damals habe ich gar nicht so viel darüber nachgedacht, warum das wichtig ist. Heute merke ich, dass genau diese Einstellung, *hin zu den Leuten zu gehen,* zu einem meiner wichtigsten Antriebe geworden ist. Letztlich versuche ich, in der Kirche genau das umzusetzen, was ich während meines Zivildienstes erlebt habe.

Während meiner Zivi-Zeit habe ich mich auch entschieden, Theologie zu studieren. Und das nicht nur, weil es mit der Kunst nicht geklappt hatte. Auch nicht, weil ich unbedingt Pastor werden wollte, sondern weil ich es spannend fand, über Gott und die Welt nachzudenken. Im Theologiestudium sah ich die Chance, ganz tief in die Materie einzutauchen.

Allerdings ist die Entscheidung nicht von heute auf morgen gefallen. Ich haben viel mit meiner Familie und meinen Freundinnen und Freunden darüber gesprochen. Alle waren nicht wirklich überzeugt, dass meine Idee die beste ist. Meine Eltern haben gesagt: »Max, du musst dann zwei weitere tote Sprachen lernen und du hattest in der Schule schon Probleme mit Latein.« Und damit hatten sie nicht unrecht. Jede Sprachprüfung im Studium musste ich später mehrfach ablegen, weil ich beim ersten Versuch durchgefallen bin. Aber wie beim Führerschein hat es spätestens beim dritten Versuch geklappt. Meine Freund*innen haben gesagt: »Als Pastor können wir uns dich nicht vorstellen. Du bist ein Freigeist – und jetzt willst du Pastor werden?!«

Dass ich es schaffen würde, mir selbst treu zu bleiben und trotzdem für eine tausend Jahre alte Institution zu arbeiten, konnten sie sich einfach nicht glauben.

Am meisten geholfen hat mir bei der Frage der Berufsfindung unsere ehemalige Vikarin Sandra. Inzwischen hatte sie die Ausbildung abgeschlossen und eine Pfarrstelle angetreten. Als Gast-Teamer durfte ich sie in der neuen Gemeinde bei einem Konfi-Wochenende unterstützen und auch beim Gottesdienst eine Aufgabe übernehmen. An diesem Wochenende haben wir beide über meine Pläne, Theologie zu studieren, gesprochen. Sandra sagte: »Du wirst das schaffen, ohne dich zu verraten. Aber ich gebe dir eine Warnung mit auf den Weg: Das Theologiestudium ist für deinen Glauben wie eine große Waschmaschine. Wenn du damit beginnst, landet dein kleines Schnuffeltuch des Glaubens in dieser Maschine und wird durchgewaschen. Und nicht nur das. Irgendwann beginnt der Schleudergang, und du wirst deinen Glauben nicht mehr sehen. Du weißt zwar noch, dass er da ist, aber sehen und spüren kannst du ihn nicht mehr. Am Ende hast du deinen Glauben wieder. Er ist dann anders, irgendwie neu, aber es ist immer noch dasselbe Schnuffeltuch, mit dem du angefangen hast.«

Dieses Bild vom Schleudergang ist bis heute eines der besten, das ich für die »gottlosen« Momente im Studium habe. Als ich während des Studiums das Gefühl hatte, meinen Glauben zu verlieren, hat mir dieses Bild geholfen.

Als Künstler wäre ich nicht glücklich geworden. Denn um als Künstler zu überleben, hätte ich Auftragsarbeiten annehmen müssen. Und die müssen bekanntlich vor allem den Auftraggeber*innen gefallen. Den Vorstellungen anderer in einer bestimmten Form entsprechen zu müssen, ist nicht mein Ding. Dagegen habe ich mich bis heute erfolgreich gewehrt.

Stattdessen kann ich heute Kirche so gestalten, dass sie ein Ort ist, an dem Menschen so sein können, wie sie sind. Einfach so, wie Gott sie geschaffen hat. Es liegt nicht an uns, andere Menschen zu beurteilen oder gar zu kritisieren. In meiner Kirche soll es normal sein, dass du so willkommen bist, wie du von Gott gewollt bist.

4. SO SIEHST DU GAR NICHT AUS

Chris // Als ich sechzehn Jahre alt war, hat sich ein Kumpel von mir zum ersten Mal verliebt. Kurz darauf gingen wir beide an einem Freitag zur Bank, um Taschengeld abzuheben. Das war Tradition, damit wir anschließend zum örtlichen Supermarkt gehen konnten, um uns für das DVD-Wochenende mit Chips und Cola einzudecken. Als wir die Bank verließen, ergriff mein Freund plötzlich meinen Arm und rief: »Guck mal Alter, ein rotes Fahrrad.«

Seine weiche Stimme und sein seltsam glasiger Blick verwirrten mich. Mit größtem Unverständnis antwortete ich: »Sag mal, bist du fünf Jahre alt oder was? Zeigen wir wieder auf Dinge, von denen wir den Namen gelernt haben? Kann ich auch: Guck mal hier, ein Haus, und da, eine Laterne.« – »Nein, Mann, du verstehst das nicht«, sagte mein Kumpel. Seine Stimme wurde noch samtiger: »Meine Freundin hat auch ein rotes Fahrrad. Das ist voll schön.«

In diesem Moment wurde mir klar, dass ich ihn an die dunkle Seite der Macht verloren hatte. Das war doch einfach nur behämmert.

Nun ja, ein halbes Jahr später war ich dann zum ersten Mal verliebt. Und plötzlich verstand ich ihn. Jedes Mal, wenn jemand ein Nokia 3510 – dasselbe Handy, das meine Freundin hatte – in der Hand hielt, dann machte mein Herz einen Sprung, weil ich an sie denken musste. Und weil sich das Handy damals hoher Beliebtheit erfreute, hüpfte mein Herz quasi ohne Unterbrechung.

Auf einmal war mein Kumpel für mich nicht mehr bescheuert, sondern der weiseste Typ der Welt. Denn ich konnte ihn nach Tipps fragen, wie ich mit den ganzen Gefühlen umgehen könnte.

Manche Dinge im Leben können wir uns nicht vorstellen, wir müssen sie erleben, um zu verstehen, was Sache ist. So ist das auch mit der Liebe Gottes. Wenn ich die Liebe Gottes in mir trage, liebe ich nicht nur ihn, sondern habe eine ganz neue Sicht auf die Welt – und mich selbst. Klingt behämmert. Ich weiß. Aber das gehört wohl zum Verliebtsein dazu.

Wenn ich heute als Pastor von der göttlichen Liebe erzähle, dann denke ich noch immer an meinen Kumpel von damals. Denn wir kennen als Christ*innen unzählige »rote Fahrräder«. Punkte, die uns in unserem Glauben berühren, die uns an etwas erinnern, was wundervoll ist. Beim Weitergeben der göttlichen Liebesbotschaft ist mir klar, dass alle Unbeteiligten vermutlich erst mal denken: »Warum steht dieser Typ so auf rote Fahrräder?« – So, wie es mir selbst damals mit meinem verknallten Kumpel ging.

Obwohl ich jetzt auch zum Klub der Christ*innen gehöre, habe ich noch meine eigene Stimme als Jugendlicher im Ohr: »Die haben doch alle einen an der Waffel.« Dieser Überzeugung sind heutzutage viele Menschen. Und das ist nachvollziehbar. Weil viele Leute die Gottesdienste nicht mehr verstehen. Weil sie die Liturgie seltsam finden, die Sprache altmodisch, die Lieder von vorgestern.

Hoffentlich sind das nicht alles seltsame Vögel, denke ich auch, während ich zum ersten Mal zur Universität gehe. Es ist mein erster Tag als Theologiestudent. Meine Elvis-Locke steht wie eine Eins. Mein Weg zur Uni führt durch die Göttinger Innenstadt mit ihren vielen kleinen Lädchen. Ein Stück meines Weges gehe ich über den Stadtwall. Der beschützt die Innenstadt natürlich schon lange nicht mehr. Mit all seinen Bäumen ist der Wall heute ein grüner Kreis, der hauptsächlich von Jogger*innen und Liebespaaren genutzt wird. Zu beiden Gruppen zähle ich nicht. Ich weiß nur, dass ich Bammel vor dem ersten Tag in der Uni habe, auch davor, die anderen Studierenden kennenzulernen und sie seltsam zu finden.

Aber es läuft ganz okay, und die allermeisten, die ich kennenlerne, sind voll in Ordnung.

Am Abend meines ersten Uni-Tages machen wir eine Kneipenrallye. Alle Neulinge werden in Gruppen eingeteilt und besuchen eine Reihe von Kneipen. Dort warten ältere Studierende, die mit uns verschiedene Spiele spielen, bei denen wir Punkte sammeln können. Die letzte Station ist das Trou, eine alte Göttinger Kellerkneipe.

In den dunklen Kellergewölben wabert der Qualm der Zigaretten, und der Boden schmatzt von vergossenem Bier, wenn man darüber läuft. Mit einigen neuen Studis aus meinem Jahrgang quatsche ich mich fest. Und bei den Gesprächen und Trinkspielen an diesem Abend wird mir klar: Die anderen sind genauso normal wie ich – meistens lieb, manchmal blöd, normal eben. Schwein gehabt. Wie geil, dass ich mit diesen Menschen zusammen an der Kirche von morgen arbeiten kann!

Das Wichtigste am Anfang des Studiums ist, möglichst viele Hände zu schütteln. Leute kennenlernen und Freunde finden steht ganz oben auf meiner To-do-Liste. Die Freundschaften retten mich letztlich durchs Studium. Alleine hätte ich den Bumms manchmal am liebsten hingeschmissen.

Nette Leute treffe ich öfters auch bei der Arbeit oder bei einer WG-Party. Das ist der natürliche Lebensraum gering verdienender Studierender. Das Wichtigste bei so einer Party ist das Bier. Ist das Bier leer, geht die Party zu Ende. Deshalb gibt es einen einfachen Trick, der allen Veranstalter*innen von WG-Partys bekannt ist: Wenn du schlafen willst, dann verstecke einfach den letzten Kasten Bier. Und schwupps – ist die Bude leer.

Im Verlauf so eines Partyabends versammelt sich klassischerweise ein Haufen Studis um einen Bierkasten. Beim Kennenlernen lautet die erste Frage in der Regel: »Und was studierst du?« Dann sagen alle brav der Reihe nach den eigenen Studiengang auf: Medizin, Philosophie, Mathe und so weiter. Die Wahl des Studienfachs wird dann von den anderen jeweils mit einem netten »Aahhh« wertgeschätzt. Aber jedes Mal, wenn ich an der Reihe bin und sage: »Ich studiere Theologie und werde mal Pastor«, dann kommt ein bunter Mix an Reaktionen. Dazu haben auf einmal alle eine Meinung. Die klassische Antwort lautet: »Krass, so siehst du gar nicht aus.« Ich hoffe, das ist als Kompliment gemeint. Jedes Mal, wenn ich erzähle, dass ich Pastor werde, wird es persönlich. Der klassische Small Talk wird übersprungen, und es geht sofort über in den Deep Talk.

Max hat mal von einer seiner Freundinnen zu hören bekommen: »Alter, es macht keinen Spaß, mit dir auf eine Party zu gehen. Spätestens nach fünf Minuten bist du weg und löst die Lebensprobleme von irgendjemandem, den du gar nicht kennst.«

Mir geht es unzählige Male genauso. Es ist ein abgefahrenes Gefühl, wenn wildfremde Menschen sofort offen über ihre Probleme reden. Dieses Vertrauen ist ein Geschenk. Und ich liebe es, mir dafür Zeit zu nehmen. Zu überlegen, wie wir mit Gefühlen leben lernen können, und was dabei hilft, die beste Entscheidung zu treffen. Bei vielen Gesprächen geht es um Beziehungsprobleme, Streit in der Familie und auch um die Beziehung zu Gott. Ich höre mir auch unzählige Male die Meinung anderer Studis zur katholischen Kirche an, denn nach dem vierten Bier sind für die meisten alle Kirchen gleich.

*

»So siehst du gar nicht aus.« Wer als Pastor*in diesen Satz hört, ist live dabei, wenn das Bild von Kirche größer wird. In vielen Köpfen sind Pastoren grau gekleidete Herren, die ihre Zeit lieber Bibel lesend statt Bier trinkend verbringen – die lieber über etwas nachdenken oder sprechen, als selbst etwas Spannendes zu erleben. Alles in allem lebensferne Langweiler und Kostverächter.

Viele Leute sind erstaunt, wenn sie hören, dass du in unserer Kirche Pastor*in werden kannst, unabhängig davon, welches Geschlecht du hast und wen du liebst. Das pastorale Bild in den Köpfen ist grau, aber das Leben ist bunt. Deshalb ist es für mich als Nägellackierende und wie Elvis gelockte Rockgöre einfach, das Bild zu erweitern. Das macht viele der Studierenden neugierig. Die nächsten Fragen nach der klassischen Studienfach-Abfrage sind meistens dieselben, und ich lege mir schnell eine Routine zurecht:

»Also glaubst du echt an Gott?

»Jep, hilft bei dem Job saumäßig.«

»Trinkst du auch Alkohol?«

»Das Bier in meiner Hand sagt: Ja.«

»Hast du auch Sex?«

»Klar, wenn du neunzig Sekunden Zeit hast.«

Kurz nach dem Kennenlernen würde es mir nicht im Traum einfallen, eine fremde Person danach zu fragen, ob sie regelmäßig Sex hat. Aber viele Studies irritiert mein Äußeres zusammen mit meiner Studienwahl so sehr, dass ihnen nicht auffällt, wie unangemessen ihre Rückfragen sind. Aber ich kann die Fragen auch nicht einfach ablehnen. Dann wäre ich ja einer von den prüden und seltsamen Christ*innen. Deshalb ist Humor mein Schutzschild. Es passiert auch, dass mir wildfremde Personen einfach ungefragt an den Unterarm greifen, um zu lesen, was mein Tattoo aussagt, das dort platziert ist: »Liebe ist eine Flamme Gottes.«

Ich passe nicht zu ihrem Bild von Kirche, und das müssen sie sofort untersuchen. Mit allen Mitteln. Dabei sind ihre Fragen wie ein kleiner Test. Sie wollen abchecken, ob ich »einer von ihnen« bin. Wenn ich den Normalo-Test bestanden habe, dann verbringen wir meist eine gute Zeit zusammen.

Auf den WG-Partys erlebe ich, dass Menschen neugierig auf Gott sind. Aber ihnen fehlt der richtige Gesprächspartner, um sich über tiefgehende Fragen auszutauschen. Und das kirchliche Angebot erreicht sie nicht. Immer weniger Leute suchen bei der Kirche nach Antworten, weil kaum jemand versteht, was wir im Gottesdienst machen. Die teilweise veraltete und hochgebildete Wortwahl in den Gottesdiensten wirft der Neugier Steine in den Weg. Viele Menschen finden dazu keinen Zugang, sondern suchen nur den Ausgang. Mir ist es ja eine ganze Zeit lang auch nicht anders gegangen.

Studieren kostet Geld. Deshalb arbeite ich nebenbei als Kellner bei Konzerten und auf Musikfestivals. Das hat zwei Vorteile: Zum einen habe ich genug Geld, um beim abendlichen Kneipenbesuch das Bier und den Feierlikör zu bezahlen. Zum anderen lerne ich Leute außerhalb meiner Theologie-Bubble kennen. Daraus erwachsen Freundschaften, die dafür sorgen, dass ich nicht in der Theologie versumpfe.

Jeder Fachbereich hat seine eigene Sprachwelt, verwendet Begriffe, die sonst eher selten zu hören sind. Ich wollte nie zu einem Fachidioten werden, den kein normaler Mensch mehr versteht. Manchmal kommt es vor, dass meine Freunde aus anderen Studienrichtungen Fragen zum Glauben haben. Sie machen mir unmissverständlich klar, wenn sie mich nicht verstehen: »Versteck dich nicht hinter großen Worten, du Feigling. Jetzt sag einfach, wie es ist.« Das ist eine Sprach-Kur, für die ich bis heute dankbar bin. Denn sie hilft mir, Klarheit zu gewinnen und das, was ich sagen will, in möglichst einfachen, allgemeinverständlichen Sätzen auszudrücken.

Ein Marathon, auf den ich hätte verzichten können, sind die Sprachkurse am Anfang des Studiums. Denn für das Theologiestudium benötigt man drei »tote Sprachen«: Latein für die Kirchengeschichte, Hebräisch für das Verständnis des Alten Testaments und die Übersetzung der Urtexte – und Altgriechisch für das Neue Testament.

Ich will Pastor werden, um zu helfen. Aber beim Vokabellernen habe ich das Gefühl, dass ich dadurch keiner Sau helfe. Zum Glück erinnern mich dann meine Freunde an mein Ziel: »Du willst Pastor werden, dann musst du da durch.«

*

In meiner knapp neunjährigen Studienzeit besuche ich eine Handvoll traditioneller Gottesdienste. Beim Gottesdienst-Hopping probiere ich verschiedene Gemeinden aus, sitze dort mit meinen Alltagsproblemen und der Hoffnung auf Hilfe. Aber mich sprechen die traditionellen Gottesdienste nicht an.

Am Anfang des Gottesdienstes geht es darum, Gott »Hallo« zu sagen und sich zu bedanken. Das weiß ich. Aber ich verstehe nicht, warum die Pastorinnen und Pastoren dabei eigentümliche, für mich kaum verständliche Lieder singen. Das plötzliche Aufstehen oder Singen der Gemeinde verrät mir, dass es wohl einen geheimen Plan gibt, in den ich nicht eingeweiht bin. Deshalb bleibe ich sitzen und schweige. Das Ganze hat irgendwie nichts mit mir zu tun. Rituale, deren Sinn ich nicht verstehe. Und trotz meines Studiums beschleicht mich bei Predigten oft das Gefühl, dass ich einfach zu dumm dafür bin, das Gesagte zu verstehen. Selbst wenn ich den Gedanken folgen will, fühlt sich nach zehn Minuten mein Kopf wie eingeölt an, und ich kann nicht mehr mitdenken. Es rauscht dann alles nur noch durch. Mit etwas Glück ist der Anfang einer Predigt spannend, aber selbst dann landen wir nach zwei Minuten wieder mit Paulus in Korinth und mitten in theologischen Überlegungen, die weit weg von dem sind, was mich gerade umtreibt.

Mich bewegt etwas anderes: Ich habe harte Zeiten im Studium. Liebesbeziehungen gehen zu Ende, Freund*innen sterben, und an der Uni gibt es ständig Bewertungen. Ich wünsche mir, im Gottesdienst eine Form von Hilfe dafür zu finden. Aber stattdessen werde ich dazu eingeladen, darüber nachzudenken, welche Probleme es vor zweitausend Jahren in Korinth gab. Anschließend kann ich live dabei sein, wie wohlformuliert Probleme gelöst werden, die ich nicht habe.

Ein Gottesdienst ist an sich schon eine abgefahrene Nummer. Es ist der Versuch, eine Form für etwas Übermenschliches zu finden. Einen Raum für eine Begegnung mit Gott zu gestalten. Wir probieren, beim Gottesdienst etwas zur Sprache zu bringen, das nicht mit Worten eingefangen werden kann. Sicherlich gibt es viele, die gern einen traditionellen Gottesdienst feiern, weil sie mit der Liturgie groß geworden sind und ihnen die althergebrachte Form guttut. Sie fühlen sich wohl, weil ihnen alles vertraut klingt. Es fühlt sich vielleicht sicherer an, bekannte Wege zu gehen und traditionelle Formulierungen zu verwenden. Aber auch diese Formen haben sich einmal Menschen ausgedacht. Und die Jüngeren sind längst abgehängt. Jede Generation braucht auch ihre eigenen Bilder und ihre eigene Sprache.

Vor Kurzem hörte ich in einer Predigt: »Wie können wir uns der Furchtsamkeit wehren?« Und ich dachte nur: »What? Im normalen Leben würdest du so etwas nie sagen! Frag doch einfach: Was hilft uns, wenn wir ängstlich sind?«

Klar, für eine bestimmte Generation waren Sätze, in denen das Wort »Furchtsamkeit« vorkam, einmal verständlich, und Formulierungen wie »lasset uns anbeten« im Gottesdienst passend. Und mit viel Zeit und Übung können sich auch heute noch Menschen in die alten Rituale hineindenken und reinfühlen. Aber die Lösungen von früher sind oftmals die Probleme von heute. Denn die gottesdienstlichen Rituale geben zwar denen, die sie über Jahre erlernen, Sicherheit. Aber für Neugierige, für Suchende, die nicht in der Kirche groß geworden sind, bleibt vieles unverständlich. Es ist kaum zu begreifen. Deshalb gilt es, eine für möglichst viele Menschen verständliche Sprache zu finden.

Für mich ist die traditionelle Gottesdienstform vergleichbar mit diesen flauschigen Bommeln an Wintermützen. Wie Eingeweihte wissen, gibt es zwei Bommelvarianten: zum einen die Wollbällchen an einer langen Schnur, die man wie einen Morgenstern zur Selbstverteidigung um sich herum schwingen kann. Zum anderen gibt es die Bommel, die wie eine Kirsche auf der Torte direkt auf dem Kopf sitzen. Bei beiden Varianten schneide ich die Bommel immer gleich direkt nach dem Kauf ab. Denn sie helfen nicht beim Wärmen, sondern sind nur ein seltsamer Schmuck, den ich nicht verstehe. Für mich fühlt sich der traditionelle Gottesdienst so an. Die Liebe Gottes ist wie eine warme Mütze für mein Herz. Aber diese Gottesdienste helfen mir nicht.

Ich bin einfach kein Typ für Schmuck, trage kein Edelmetall am Körper. Stattdessen stehe ich auf das, was unter die Haut geht: Tattoos und Gefühle. Die althergebrachte Gottesdienstform ist für mich viel Schmuck mit wenig Gefühl. Der erste Gottesdienst, der mir unter die Haut ging, war ein Rockgottesdienst in einer verfallenen Klosterkirche. Und wie ein Tattoo, das ich mir vor einigen Jahren stechen ließ, bleibt dieser Gottesdienst ein Teil von mir. Bis heute erinnere ich mich an das wundervolle Gefühl, das ich damals hatte. Bei der Musik habe ich zum ersten Mal erlebt, dass Gebete auch gesungen werden können und es mich total berührt. An die Predigten von Olli und Mathis kann ich mich bis ins Detail erinnern: Sie standen nicht als klassische Pastoren vor uns, sondern trugen ganz normale Klamotten, sprachen uns mit »Du« an. Mathis erzählte, dass Gott auch das liebt, was wir als fehlerhaft bewerten. Diese Erkenntnis war ein wichtiger Schritt für mich, um meine Schwächen in einem anderen Licht zu betrachten. Ich erinnere mich, wie ich beim Headbangen kurz pausierte, während die Rockmusik weiterballerte. Und ich dachte: »Wenn Kirche so sein kann und Gottesdienste sich so anfühlen, dann ist das genau der Scheiß, den ich machen will.« Um mich herum standen viele, die feierten und grölten. Und ich hatte den Schauspieler Tom Gerhardt im Ohr mit dem Zitat aus Ballermann 6: »Endlich normale Leute.« Mein Entschluss stand fest: Für Leute wie uns möchte ich Gottesdienste machen.

*

Erst mit der Zeit habe ich immer besser verstanden, was Leute an den traditionellen Gottesdiensten finden. Heute kann ich sie beherzt mitfeiern, aber ich habe Jahre dafür gebraucht. Diese Zeit haben Max und ich in unserer Gemeinde in Bremerhaven nicht zur Verfügung. In einem sozialen Brennpunkt braucht es andere Ansatzpunkte als in einem Studierendenviertel in Göttingen oder einer Schickimicki-Gegend in Stuttgart, wo vielleicht klassische Orgelkonzerte und Podiumsdiskussionen im Gemeindehaus gut ankommen. In unserem Viertel haben viele Menschen keine Arbeit, leben am Rande des Minimums.

Wir sind froh, wenn sie uns eine Chance geben, ihnen zu zeigen, dass Kirche ihnen etwas zu bieten hat. Aber wenn sie uns nicht verstehen, dann kommen sie nicht wieder. So einfach ist das. Deshalb ist es für uns so wichtig, eine Sprache zu sprechen, die keine Barrieren aufbaut. Keine hochtrabenden Formulierungen für etwas zu benutzen, was ganz einfach zu sagen ist. Sprache kann zu einer Mauer werden, die uns voneinander trennt. Weil wir altertümliche, sperrige Begriffe verwenden; Wörter, die im Alltag der Menschen nicht vorkommen, die sie nicht verstehen. Weil wir eine Insidersprache sprechen. Sozusagen Kirchensprech. Wir leben hier mit Menschen zusammen, die sehr sensibel für Ausgrenzung sind, weil sie das ständig erleben.

Unsere Messlatte ist einfach: Was Max und ich selbst früher im Gottesdienst nicht gecheckt haben, fliegt raus oder wird verständlich gemacht. In kirchlichen Kreisen gibt es seltsamerweise die Befürchtung, dass der feierliche Charakter eines Gottesdienstes verloren geht, wenn zwischendurch erklärt wird, um was es gerade geht. Beispielsweise: »Gleich beten wir. Dazu könnt ihr sitzen bleiben oder aufstehen. Wie ihr mögt.« Jedes Mal, wenn unter Pastor*innen über die Sorge gesprochen wird, dass eine Erklärung mehr stört als hilft, denke ich mir, das kann nur jemand sagen, der noch nie auf einer geilen Party war. Wenn ich eine Party schmeiße, dann gibt's für alle, die reinkommen, erst mal eine Begrüßung und dann folgende Erklärungen: »Das Bier steht auf dem Balkon, der Knabberkram im Wohnzimmer, und die Jacke schmeißt du einfach auf den Haufen. Ach ja, für die Toilette fehlt der Schlüssel, also häng einfach ein Tuch an die Klinke, wenn du reingehst.« Und selbst wenn ich im Verlauf der Party noch mehr erklären muss, zum Beispiel, dass im Wasserkocher kein Glühwein heiß gemacht werden darf, dann tut das der Feier keinen Abbruch. Im Gegenteil. Menschen fühlen sich dann wohl, wenn sie wissen, auf was sie achten sollten, denn das schafft Sicherheit. Und es tut gut, wenn man sich nicht als Fremdkörper inmitten lauter »Eingeweihter« empfindet. Das gilt natürlich auch für den Gottesdienst. Wie blöd ist es zu merken, dass alle aufstehen und singen und du selbst keinen Plan hast, warum und was passiert.

Störgefühle, die kenne ich zuhauf. Aus Gottesdiensten und auch sonst. Wie oft habe ich mich einfach mies gefühlt und wusste nicht genau, warum. Wie oft habe ich mich um Situationen herumzudrücken versucht, weil es mir unangenehm war, hinzugehen und zu fragen. Seit meiner Kindheit suche ich nach Wegen, um mit solchen Gefühlen umzugehen. Oft sind sie megalaut und intensiv. Deshalb ist an der Uni die Psychologie mein Luststudium. Während der Vorlesungen ziehe ich mir die Inhalte rein wie ein Nasssauger. Denn mit der Psychologie bekomme ich ein Werkzeug an die Hand, um über meine eigenen Gefühle intensiver nachzudenken, zu verstehen, wieso ich so reagiere und nicht anders. Ich versuche oft, aus einer bestimmten Situation rauszuzoomen und zu verstehen, wie die Emotionen, die ich gerade empfinde, mit diesem oder jenem zusammenhängen.

5. NAGELLACK VOM PASTOR

Chris // »Mir geht es wie immer: Ich bin overdressed and underfucked.« Das sind die ersten Worte, die ich von Max höre. Ich mag ihn sofort. Wir stehen mit ein paar Studis bei einer Party zusammen. Eine gemeinsame Freundin stellt uns einander vor und versichert uns, dass wir uns gut verstehen werden. Sie hat recht und milde untertrieben. Max und ich werden schnell zu Freunden. Er studiert ebenfalls Theologie und hat dabei ähnliche Themen wie ich. Beide sind wir keine Überflieger, um es auf den Punkt zu bringen. Heute ist unsere Freundin übrigens der Überzeugung, dass sie damals ein Monster erschaffen hat – weil unsere Charaktere zusammen eine ziemlich abgefahrene Mischung ergeben.

Ein Monster wartet auch bei Super Mario als Endgegner im finalen Kampf. Im Theologiestudium ist das Examen der Endgegner. Und der hat es faustdick hinter den Ohren. Ich habe mich ein Jahr auf das Examen vorbereitet. Innerhalb einer Woche werden einige mehrstündige Klausuren geschrieben. Wenn die Noten der schriftlichen Arbeiten ausreichend sind, kommt das finale Level: fünf mündliche Prüfungen an einem Tag.

Max und ich landen in derselben Prüfungsgruppe. Wir entscheiden uns dafür, in normalen Klamotten vor die Prüfungskommission zu treten. Mit Anzug und Krawatte, das werden wohl die meisten anderen aus unserer Gruppe an diesem entscheidenden Tag tragen, kämen wir uns verkleidet vor. Das, was wir gelernt haben, soll zählen.

Das letzte Level: der Tag der mündlichen Prüfung. Wir haben uns ausgemalt, wie glorreich es sein wird, wenn wir am Abend fertig sind und der Endgegner besiegt ist. Doch es kommt anders. Wir beide fallen im selben Fach beim selben Prüfer durch. Nach einem Jahr lernen fehlt ein einziger Punkt. Das ist doch Scheiße!

Wir bekommen vom Prüfer die Begründung mit auf den Weg, dass es unverantwortlich wäre, uns mit so schlechten Altgriechischkenntnissen in den Pastorenberuf zu schicken. Das kann man so sehen. Ich sehe es anders. Es ist auch nicht so, dass ich heute im Job regelmäßig in meinem Studierkämmerlein sitze, um wie im Mittelalter die Übersetzung biblischer Wörter in einem schweren Buch nachzuschlagen. Dafür habe ich auch gar nicht die Zeit. Es gibt genug Probleme vor der Haustür. Und hier in unserem Viertel haben wir noch nie Altgriechisch gebraucht. Das würde mehr Türen verschließen als öffnen. Und wenn ich doch mal etwas nachschlagen will, nutze ich ein Computerprogramm, das mir zu jeder Bibelstelle sofort alle Übersetzungsmöglichkeiten liefert.

*

Man kann es drehen, wie man will, Fakt bleibt: Wir sind durchgefallen. Alle anderen, die mit uns im gleichen Jahrgang studiert haben, sind fertig. Sie feiern ihren Abschluss, Reisen ins Ausland und fangen mit dem Vikariat an. Und wir beiden Trottel müssen in Göttingen bleiben.

Den nächsten Versuch, das Examen zu bestehen, können wir in sechs Monaten machen. Eine bescheuert lange Wartezeit. Wenn ich bei Super Mario gegen Bowser verliere, dann kann ich den zweiten Versuch starten, sobald ich bereit bin. Müsste ich ein halbes Jahr warten, um es noch mal zu probieren, dann würde ich das Spiel in die Tonne treten. Diese Freiheit habe ich beim Studium nicht.

Max und ich fühlen uns als Versager. Aber wir müssen uns an die Spielregeln halten. Das pisst uns einen Abend lang echt an. Darum veranstalten Max und ich eine bierlastige Fuck-up-Night und kotzen uns über alles aus, was nervt. Das tut richtig gut. Am Ende beschließen wir, das Nörgeln einzustellen. Kostet nur Energie und bringt nichts. Stattdessen überlegen wir, wie wir die vorgeschriebene Wartezeit nutzen können. Aus dem nörgelnden Satz: »Wir müssen ein Halbjahr warten«, wird die Frage: »Was wollen wir in diesem halben Jahr machen?« Das hilft ungemein. Damit ändert sich der Blickwinkel. Und wir sind bis heute immer wieder gemeinsam auf der Suche, wie wir das, was wir tun müssen, geil machen können.

*

Ich versuche, immer darauf zu achten, dass meine kleine Welt so groß wie möglich bleibt. Denn wenn das Leben nur aus Lernen besteht, dann wird das Ergebnis am Ende schlechter, als wenn ich ausgeglichen in die Prüfung gehe. Für eine einzige Nachprüfung zu lernen ist kein Fulltimejob. Deshalb jobbe ich nebenbei in einer Großküche. Dort arbeite ich mit dem Koch Baptiste zusammen, von dem ich sehr viel lerne. Nach einiger Zeit kann ich über dreißig Gerichte für bis zu zweihundert Personen kochen. Und als mich Áron, ein guter Freund und Pastor aus Budapest, fragt, ob ich vielleicht das Essen für seine Hochzeit zubereiten kann, sage ich zu. Es ist abgefahren, ein Hochzeitsessen und die ganze Logistik in einem anderen Land zu planen. Aber es klappt und wird eine der leckersten und glorreichsten Episoden meines Lebens.

Auch aus der gemeinsamen Lernzeit machen Max und ich das Beste und lassen es uns gut gehen. In den Mittagspausen trinkt Max seinen Kaffee und ich meinen Schwarztee. Nachmittags gibt es Pizzabrötchen in der Döneria um die Ecke. Und pünktlich um 17 Uhr ist Feierabend, weil dann die Happy Hour im Irish Pub anfängt und das Guinness jetzt nur 3,50 Euro kostet.

Bei einem Guinness sind traditionell keine Themen tabu. Also erzählen wir einander Lach- und Sachgeschichten aus unserem Leben. Beispielsweise, wie schüchtern ich beim Dating am Anfang des Studiums war. Welche Tattoos für die Zukunft geplant sind. Wie sehr es uns ankotzt, dass die Kirche in vielen Bereichen ausschließlich auf Intellektuelle ausgerichtet ist. Und was wir machen wollen, wenn wir endlich Pastoren sind. Gerade an diesem Punkt merken wir, wie ähnlich unsere Ziele sind. Wir träumen beide von einer Kirche, die das Leben feiert, und zwar mit allen Höhen und Tiefen.

Paulus hat in seinem Brief an eine Gemeinde in Rom geschrieben: »Lacht mit den Fröhlichen, weint mit den Traurigen« (Römer 12,15). Das mit dem Weinen hat die Kirche perfektioniert. Mit dem Lachen hapert es noch etwas.

Oft haben wir mehrere Gefühle gleichzeitig. Als Kirche sollten wir dieser emotionalen Gleichzeitigkeit eine Form geben. Es tut gut, wenn du mit deiner Trauer nicht alleine bist. Und es ist schön, mit anderen feiern zu können. Aber derzeit gibt es nach meinem Empfinden ein Ungleichgewicht. Manche Gottesdienstkonzepte konzentrieren sich zu sehr auf die Traurigkeit. Und aus der regelmäßigen Betonung von Betroffenheit und Ohnmacht wächst eine Form, die ich nicht mehr mitfühlen kann. Anstatt zu sagen: »Es tut weh zu sehen, wie viele beschissene Ungerechtigkeiten es auf der Welt gibt«, wird die Trauer wie eine tote Robbe mit hängendem Kopf durch die Kirche getragen. Was als ehrliches Mitgefühl beginnt, kann zu einer dramatischen Inszenierung werden. Ich nenne das den »Über-Ernst«. Wenn Gottesdienste regelmäßig zwischen »ein bisschen traurig« und »ich versinke in einem Ozean voll Tränen-traurig« schwanken, bekommen die Leute irgendwann den Eindruck, dass wir Trauerfeiern veranstalten.

Dabei gehört die Freude unbedingt zum Glauben. In der Bibel heißt es: »Lacht mit den Fröhlichen, weint mit den Traurigen.« Das Lachen kommt an erster Stelle.

Bei unseren abendlichen Gesprächen wird Max und mir das immer wieder deutlich: Wir wollen mit dem, was wir als Pastoren anbieten, einen Raum schaffen, in dem sich auch Kneipengänger*innen, Partyanimals und Dragqueens wohlfühlen. Leute, die Spaß haben wollen. Die es gerne einmal krachen lassen. Die Kirche, von der wir träumen, ist eine für alle, die täglich versuchen möchten, mit Gottes Hilfe das Leben ein Stück bunter, positiver und liebevoller zu gestalten. Wenn du von Herzen gern gibst, dann brauchst du deinen Ort, um aufzutanken. Auch dafür wollen wir da sein.

Ab und zu checken Leute an den Nachbartischen, dass wir beide vorhaben, Pastoren zu werden, wenn sie unser Gespräch mithören. Oft sitzen sie dann kurz darauf bei uns mit am

Tisch. »Was? Ihr zwei Typen wollt Pastoren werden? So, wie ihr ausseht? Dann habe ich mal eine Frage …«

Max und ich finden schnell heraus, dass das oft nur die halbe Wahrheit ist. Meistens haben die Menschen, die sich zu uns setzen, mehr als nur eine Frage. Und es haut mich total aus den Socken, als ich zum ersten Mal bei einer solchen Gelegenheit im Irish Pub gefragt werde, ob ich für jemanden beten kann. Das habe ich dann auch gemacht. Mitten in der Kneipe. Und von Herzen gern. Die Person hat mich danach so fest in den Arm genommen, dass ich gespürt habe: Sie fühlt sich gerade so von Gott gehalten, dass sie einfach etwas davon zurückgeben will. Ein wundervoller Moment, auch wenn ihre Freund*innen seltsam geguckt haben. Und ja, der liebe Gott wirkt auch in Kneipen.

Die stundenlangen Gespräche mit Max im Pub heben unsere Freundschaft auf ein neues Level. Zusammen ist der Mist nur noch halb so mistig, aber die geilen Zeiten doppelt so geil. Als Lernkollegen sind wir konzentriert bei der Sache und als Freunde können wir zusammen erholsam chillen. Ein Geschenk. Wir sehen beileibe nicht alles gleich! Aber auch das ist gut so.

Gott schenkt uns Freundschaften. Und in jeden Freundschafts-Cocktail mixt er einen Schuss Göttliches.

*

Während des Studiums finden einige, die mit uns an der Uni sind, ihre theologischen Idole. Stellt euch vor, es gäbe die Zeitschrift »Bravo« nur für Theolog*innen. Dann wären auf den Postern keine Musikstars in coolen Posen zu sehen, sondern alte Männer mit klugen Sätzen. Ich habe keinen

Kult-Theologen, den ich verehre. Aber eines von Max' Idolen hieß Paul Tillich. Seine Thesen musste ich für das Examen lernen. Dass ich das meiste davon inzwischen wieder vergessen habe, stört Max nicht besonders, denn: Viel spannender als das, was sein Vorbild Tillich geschrieben hat, ist für Max das, was er gemacht hat. Wie seinen Worten auch Taten folgten. 1933 wurde er, nachdem er eine Schrift gegen den Nationalsozialismus veröffentlicht hatte, aus dem Staatsdienst entlassen und wanderte in die USA aus.

Alle Idole von Max haben neben der Theologie auch Philosophie studiert. Darum steht für ihn bald fest, dass er das auch tun will. Allerdings ist die Philosophie für Partygespräche nur bedingt geeignet. In Gesprächen mit Philosophie-Fans gibt es keine Normalo-Testfragen, dafür aber nerdige Tiefbohrungen. Und es entstehen Dialoge wie der folgende:

»Ah, du studierst also Philosophie.«

»Jep.«

»Und mit wem beschäftigst du dich gerade?«

»Aktuell lese ich ein bisschen Wittgenstein …«

»Ah, kannst du seine Position aus dem Tractatus logico-philosophicus mit seinem Spätwerk der natürlichen Sprachphilosophie aussöhnen?«

Entspannte Gespräche sehen anders aus.

Max liebt es, sich in das Werk eines Denkers oder einer Denkerin zu vertiefen. Ihre Bücher zu lesen, sich mit der Gedankenwelt vertraut zu machen, in der sie vor vielen Jahrhunderten unterwegs waren. Max lässt sich gerne von solchen Schriften inspirieren, besonders dann, wenn er nicht mehr versteht, was er da eigentlich liest.

Weil Max während des Theologiestudiums ziemlich damit zu kämpfen hat, die Sprachen (Hebräisch und Altgriechisch) zu lernen, nimmt er sich vor, pro Semester mindestens eine Veranstaltung zu besuchen, die einfach nur Spaß macht. Er liebt es, philosophische Seminare zu besuchen, in denen ein Buch von einem seiner akademischen Idole vorgestellt, gelesen und besprochen wird. Sich im Austausch mit anderen in kluge Gedanken zu verbeißen ist genau das Ding von Max.

*

Bei Gruppenarbeiten macht oft eine Person mehr als der Rest. Das ist auch an der Uni so. Trotzdem ist die Uni der erste Ort, an dem Max die Vorteile von Teams erlebt. Und dass zusammen mehr möglich ist als alleine.

Eines Tages stellt Max fest, dass er mit der Abgabe seiner Bachelorarbeit in Verzug geraten ist. Wahrscheinlich hängt er doch zu viel in Kneipen ab und zu wenig am Schreibtisch. Die Zeit wird jedenfalls knapp, und der Abgabetermin rückt immer näher. Ein Klassiker.

Einer Mitstudentin von Max geht es genauso. Was für ein Glück! Denn zusammen verfügen sie über alle notwendigen Schlüssel, um nachts in der Bibliothek der alten Uni weiterarbeiten zu können. In vielen Nachtschichten werden die Abschlussarbeiten fertig. Dabei nicht allein zu sein ist motivierend. Irgendwann kommen die beiden auf die Idee, die alte Uni zu erkunden. Ein Gebäude, das nicht nur so aussieht wie Schloss Hogwarts, sondern laut Max genauso viele Geheimgänge hat.

Im Miteinander mit unseren Freund*innen können wir so sein, wie wir sind. Wir müssen uns nicht verstellen. Wenn mal alles scheiße ist und wir nur noch wie eine aufgetaute Frühlingsrolle auf dem Sofa rumliegen können, dann können uns Freund*innen guttun, indem sie einfach nur da sind. Und wenn uns Gott mal wieder einen ausgibt und das Leben prächtig ist, dann können wir auch dieses Glücksgefühl teilen.

Max und ich sind gemeinsam durch dick und dünn gegangen. Und jetzt sind wir Teampastoren. Wir haben jeder eine halbe Stelle und ein halbes Gehalt – aber voll Bock. Tagsüber arbeiten wir zusammen, abends essen wir Pizza und gucken Filme. Den Satz »Wie Pastoren seht ihr gar nicht aus« hören wir in unserer Gemeinde immer noch. Und wir erleben, dass gerade das eine Chance ist. Weil wir anders sind, erreichen wir neue Menschen.

Dass wir nicht dem klassischen Pastor*innenbild entsprechen, macht die Menschen neugierig. So können wir auch Personen erreichen und einladen, die sich bisher in der Kirche nicht willkommen gefühlt haben. Denen, die wie wir selbst mit Blick auf die Kirche das Gefühl haben, anders zu sein, zeigen wir, dass sie bei uns richtig sind.

*

Vor ein paar Monaten ist ein älterer Herr aus unserer Gemeinde gestorben. Für das Trauergespräch war ich mit seinen beiden erwachsenen Kindern verabredet, die ich noch nie zuvor gesehen hatte. Ich klingelte an der Tür. Die beiden Töchter, die mir öffneten, waren von oben bis unten tätowiert. Eine der beiden wechselte die Zigarette von der rechten in die linke Hand, um mir zur Begrüßung die dann freie Hand zu geben.

Generell achte ich bei Trauergesprächen darauf, dass meine Tattoos immer bedeckt sind, damit sie nicht ablenken. Aber als ich die Tattoos der zwei Töchter sah, die mir gegenüberstanden, krempelte ich meine Ärmel hoch. Die Jüngere der beiden sagte mit einem leisen Lächeln: »Wusste gar nicht, dass Pastoren auch Tattoos haben dürfen. Neue Zeiten, gefällt mir.«

Auf dem Tisch im Wohnzimmer standen verschiedene Sorten Monster-Energydrinks. Wir setzten uns auf zwei Sofas, und die jüngere Tochter fragte: »Willst' ein Monster und 'ne Kippe? Dir kann ich ja auch was Richtiges anbieten.«

Praktischerweise hatte ich in Studienzeiten alle Varianten der Marke mal durchprobiert und konnte zielsicher meine Lieblingssorte wählen: »Ich sehe, dass ihr *Ultra Paradise* dahabt. Davon würde ich eine Dose nehmen.«

Statt wie sonst oft mit Kaffee und Kuchen saßen wir mit Monster und Kippe zusammen und haben die Trauerfeier geplant. Am Ende sagte die Ältere der beiden: »Weißt du was, Pastor, eigentlich mache ich das hier nur, weil meine Familie diese Beerdigung haben will. Dieses Trauerding ist nichts für mich, und eigentlich wollte ich gar nicht zur Beisetzung kommen. Aber dir vertraue ich irgendwie. Also, damit du Bescheid weißt: Ich werde doch dabei sein.«

Nach dem Gespräch ging ich total energiegeladen nach Hause. Und das hatte zwei Gründe. Erstens, weil sich die ältere Tochter entschlossen hatte, doch zur Beerdigung zu kommen. Und zweitens, weil ich mir gerade einen halben Liter Energydrink reingeballert hatte.

*

»Es ist einfach geil hier, weil man euch versteht.« Mit einem Lächeln sagt mir das eine Lady nach einem Gottesdienst. Ich freue mich über ein Kompliment. Aber es ist tragisch, dass wir so etwas als Kompliment zu hören bekommen. Die Kirche ist doch da für die großen Fragen des Lebens, für Sinnsuchende und Liebeshungrige. Aber sie schafft es leider oft nicht, dieser Aufgabe so nachzukommen, dass Menschen es checken. Wenn ich Scheiße gebaut habe – also so richtig –, dann helfen mir große Worte wie »Rechtfertigung«, »Sündenerkenntnis« und »Heilsgewissheit« einfach nicht. Dann brauche ich jemanden, der mir erklärt, wie ich trotz meiner Selbstvorwürfe schlafen kann. Und wie es wieder ruhig werden kann in meinem Herzen. All das kann Gott. Und wir Pastoren übersetzen. Ich erzähle davon, dass Gott längst entschieden hat, dass wir wertvoll, gewollt und liebenswert sind. Egal, was wir tun oder denken. Dein Berg aus Scheiße kann nicht größer sein als Gottes Liebe.

Wenn aus dem Gottesdienst eine reine Denkveranstaltung wird, dann hilft mir das nicht beim Umgang mit meinen Gefühlen. Ich will dort etwas erleben, und das passiert nur, wenn Kopf und Herz zusammen tanzen. Weil ich die traditionellen Formen, die Sprache und geschichtlichen Hintergründe selbst nicht gecheckt hatte, dachte ich viele Jahre lang, dass ich wohl nicht die Zielgruppe für Gottes Liebe bin. Genau diese Erinnerung ist heute einer der Schlüssel für das, was Max und ich in Bremerhaven anders angehen.

*

Im Anschluss an einen Gottesdienst stehen wir immer vor der Kirchentür mit den Leuten zusammen, die da sind. Das gehört für Max und mich fest dazu. Das Zusammensein vorher und nachher ist uns megawichtig. Manchmal lassen wir uns von einigen der Anwesenden ihre neuesten Tattoos zeigen und schnacken darüber. Ich war total geflasht, als Max mir erzählte, dass er die erste Anfrage aus der Gemeinde bekommen hat, ob er die Skizze für ein Tattoo liefern könnte. Was für eine Ehre. Damit ist es offiziell: Nicht nur die Predigten von Max gehen unter die Haut. Und es blieb nicht bei einer Skizze. Denn Max hat es echt raus in Sachen Kunst.

Ich bin durch unsere Gottesdienst-Aftershowparty immer auf dem Laufenden, was die neuesten Trends beim Nägellackieren angeht. Manchmal kann ich den Jugendlichen sogar noch Tipps geben. Und sie können in der Schule erzählen, dass sie sich vom Pastor Nagellack leihen. Geil!

Zusätzlich haben wir Zeit, um die neuesten Musiktipps und Playlists auszutauschen. Dabei schlägt das Herz von Max für Punk und Rap. Ich bin hingegen ein Rockmäuschen und ein Techno-Atze.

Aus der Nummer mit dem Haarefärben bin ich mit Anfang zwanzig ausgestiegen, aber Max wechselt jedes halbe Jahr seine Haarfarbe. Mal blau, mal grün, mal irgendwas. Deshalb kann sich Max vorzüglich mit einigen aus der Gemeinde, die ähnliche Interessen haben, über Haarfärbemittel und Frisierbedarfsläden austauschen. Und wenn wir Gottesdienst feiern, dann bekommen wir mit all den gefärbten Haaren meistens sogar einen Regenbogen zusammen. An dem Tag, als das zum ersten Mal passiert ist, haben wir sofort im Anschluss ein Feier-Selfie mit dem Regenbogen aus Haaren gemacht. Ein haariges Symbol der Liebe.

*

Wir sind alle unterschiedlich und ergeben deshalb zusammen etwas Wundervolles. Anders zu sein ist kein Fehler, sondern eine Chance. Und wir nutzen die Chance, um auch die Leute zu erreichen, die sich nicht in einen klassischen Gottesdienst trauen. Denn die Liebesbotschaft Gottes gilt allen. Um bei uns dazuzugehören, müssen sich die Leute nicht ändern, sondern es ist an der Zeit, dass wir uns als Kirche ändern. Dabei ist die Liebe Gottes das Fundament. Alles, was wir darauf bauen, ist veränderbar.

Bei der Suche nach neuen Formen sind wir offen und neugierig für die Menschen hier in unserem Viertel. Die Leute spüren, dass wir niemanden ändern wollen, sondern dass wir darauf gespannt sind, was Gott in ihren Herzen macht. Die Sache mit dem Glauben liegt in seiner Hand. Und wir freuen uns, mitzuerleben, was sich alles ereignet, wenn wir es zulassen. Es gibt nichts Schöneres, als dabei zu sein, wenn Gott zeigt, was er draufhat. Und wenn Gott will, dann sagt irgendwann mal jemand zu uns: »Ihr seid also die Pastoren dieser bunten und schrägen Gemeinde? Jo, so seht ihr aus!«

6. EINFACH MAL MACHEN

Max // Kirche kann anders sein als gedacht. Weniger traditionell, weniger ehrwürdig, weniger langweilig, davon sind Chris und ich überzeugt. Dieser Gedanke ist nicht neu. Erst recht nicht an der »Alten Uni«. So heißt witzigerweise das Gebäude, in dem die Theologische Fakultät der Uni Marburg untergebracht ist. Bevor ich irgendwann nach Göttingen gewechselt bin, habe ich hier acht Semester Theologie und Philosophie studiert.

In der Alten Uni gibt es ein selbstverwaltetes Café. Der kleinste, aber wahrscheinlich kreativste Raum im ganzen Gebäude. Hier entstehen viele revolutionäre Ideen für die Erneuerung der Kirche. Meine Mitstudierenden und ich diskutieren auch in den Pausen, die wir hier gemeinsam verbringen, fleißig darüber, was alles anders gestaltet werden müsste, damit es besser wird. Abends, wenn wir nach der Uni durch die Kneipen ziehen, gehen die Diskussionen weiter. Wir träumen von neuen Gottesdiensten, in denen Musik und Film eine wichtige Rolle spielen. Von einer guten Soundanlage und einer durchgestylten Lichtshow. Von Gemeinden, die sich selbst organisieren und jede Menge coole Projekte auf die Straße bringen. Eigentlich wollen wir prinzipiell alles anders machen als bisher. Spannend ist, dass wir immer dann, wenn wir mal die Chance bekommen, etwas selbst auszuprobieren, schnell wieder in alte Muster zurückfallen.

Heute frage ich mich, wie unsere Professor*innen das damals mit uns ausgehalten haben. In den Seminaren haben wir die innovativsten Dinge vorgebracht. Aber wenn es um die Umsetzung ging, haben wir dennoch oft auf die langweiligste aller Varianten zurückgegriffen. Vielleicht lag es auch daran, dass die Gottesdienste, die wir dann vorbereitet haben, im Studium bewertet wurden. Und wenn eine Bewertung ansteht, ist es schlauer, auf die sichere Variante zu setzen, statt sich waghalsig aus dem Fenster zu lehnen.

Seit unserem Studiumabschluss sind nun schon ein paar Jahre vergangen. Von den radikalsten Ideen, die ich damals rausgehauen hatte, haben Chris und ich uns inzwischen verabschiedet. Es bringt auch nichts, mit der Brechstange vorzugehen. Und wir machen natürlich auch nicht alles »aus Prinzip« anders. Stattdessen hören wir erst mal viel zu. Wir hören uns so viele Ideen und Wünsche der Gemeinde an wie nur möglich. In einem zweiten Schritt überlegen wir, welche Wünsche aus der Gemeinde sich mit unseren eigenen Ideen decken. Und die Ideen, die deckungsgleich sind, setzen wir um. Der Schritt, erst mal zuzuhören, ist wichtig. Denn die Gemeinde weiß selbst meistens ziemlich genau, was dran ist.

*

Natürlich haben Chris und ich uns vor Dienstantritt über unsere Gemeinde schlaugemacht. Wir haben alte Gemeindebriefe und andere Veröffentlichungen gelesen, Dokus über Bremerhaven geguckt. Aber das kann den Wissensvorsprung, den die Menschen hier vor Ort haben, niemals aufholen. Die einzige Chance, an ihren Erfahrungen anzuknüpfen, ist es, genau zuzuhören. Denn das Wissen aus diesen Gesprächen ist die Grundlage dafür, dass ein neues Miteinander entsteht. Das ist uns superwichtig.

Selbst die innovativsten Pastor*innen können durch einen Kirchenvorstand ausgebremst werden, der nicht mitzieht. Dann gibt es endlose Diskussionen, aber umgesetzt wird nichts. Die schönsten Ideen versanden, Projekte bleiben auf den ersten Metern stecken. Wenn wir aber im Kirchenvorstand an einem Strang ziehen, dann setzen Veränderungen ein. Und genau das hat bei Chris und mir geklappt.

Bei unserer ersten Kirchenvorstandssitzung sind wir mit zwei Kästen Bier aufgeschlagen. Statt direkt mit Amtsgeschäften und Diskussionen loszulegen, haben wir erst mal mit allen gemütlich ein Bier getrunken. Und natürlich gab es auch Softdrinks und Wasser. So konnten wir in entspannter Atmosphäre mit allen schnacken. Weil wir einander zugehört und dann erst einmal damit angefangen haben, die vorhandenen Ideen aus dem Kirchenvorstand umzusetzen, haben wir Rückenwind statt Gegenwind bekommen.

Soziale Angebote für den Stadtteil hatten unsere Vorgänger bereits sehr erfolgreich etabliert. Einmal in Monat organisieren die Mitarbeitenden bei uns im Familienzentrum einen Kleidermarkt, und jede Woche gibt es eine Lebensmittelausgabe. Das finden wir großartig, denn diese Hilfen kommen schnell und direkt bei den Leuten im Viertel an. Und auch mit Blick auf die Gestaltung von Gottesdiensten hatte unser direkter Vorgänger schon die Weichen gestellt. Als wir in die Gemeinde kamen, gab es einmal im Monat einen Experimentier-Gottesdienst.

Aber Chris und ich wollen an dieser Stelle ein durchgehend neues Programm umsetzen. Das beginnt damit, dass wir darauf setzen, Gottesdienste zu verschiedenen Uhrzeiten anzubieten.

Den klassischen 10-Uhr-Gottesdienst gibt es, wie wir festgestellt haben, neun Mal in Bremerhaven. Noch mal dasselbe an einem anderen Ort zur gleichen Zeit anzubieten, empfinden wir als vergebene Chance. Deshalb führen wir am Sonntag einen 17-Uhr-Gottesdienst mit moderner Musik ein.

Was die Musik angeht, haben wir mit Vivi eine kreative Kirchenmusikerin an Bord. Noch dazu eine, die lieber den Soul-Chor am Klavier begleitet, als an der Orgel zu sitzen. In Rekordzeit hat sie eine Worship-Band zusammengestellt, die nun immer in unseren Gottesdiensten musiziert. So ist in Windeseile ein neues Gottesdienstformat entstanden.

*

Unsere Predigten halten wir vor dem Altar, auf Augenhöhe mit der Gemeinde. Die erhöhte Kanzel haben wir noch nie betreten. Viele Kanzeln in Kirchen sind deshalb erhöht gebaut, damit alle aus der Gemeinde die Pastor*innen gut sehen können. Aber wenn du höher stehst, predigst du von oben herab zu den Menschen. Also im wahrsten Sinne des Wortes über die Köpfe hinweg. Wir wollen den Menschen aber nahe sein. Deshalb haben wir der Gemeinde auch von Anfang an gesagt: »Unsere Nachnamen braucht ihr nur, wenn ihr uns Briefe schreibt. Wir sind einfach Chris und Max.« Das entspricht für mich dem Ideal, dass wir alle Kinder Gottes sind, so, wie es Jesus gesagt hat. Und ich würde nie im Leben daraufkommen, meine Schwester zu siezen. Wir sind hier alle gleich viel wert und wir arbeiten gemeinsam an unserer Gemeinde. Dadurch entsteht ein Gemeinschaftsgefühl.

Und wir haben direkt erst mal alle althergebrachten Formulierungen, egal ob griechischen oder lateinischen Ursprungs, aus dem Gottesdienst gestrichen. Stattdessen versuchen wir, so verständlich wie möglich zu reden. Deshalb singen wir am Anfang des Gottesdienstes kein altgriechisches Solo für unsere Gemeinde. Und die müssen auch nicht wie eine Schulklasse die deutsche Übersetzung nachtragen. Anstelle der fremdsprachlichen Lobgesänge gibt es bei uns »Fangesänge für Gott«. Wie im Fußballstadion. Eine Person gibt den Takt vor, und die Gemeinde antwortet mit voller Power. Die Grundidee ist die gleiche: Wir bedanken uns am Anfang des Gottesdienstes bei Gott, aber eben in anderer Form.

Bei all der Veränderung, die nun deutlich schneller geschieht als gedacht, sind wir natürlich auf Kritik eingestellt. Denn spätestens, wenn etwas in die Tat umgesetzt wird, tauchen die ersten Kritiker*innen auf. Wir haben erwartet, dass gerade die ältere Generation Probleme mit unseren neuen Gottesdienstformen haben wird – so viel zum gängigen Klischee. Doch dem ist nicht so. Nach fast jedem Gottesdienst bekommen wir Komplimente von älteren Damen. Sie bedanken sich und drücken ihre Wertschätzung für die lockere Art aus, mir der wir das Miteinander gestalten. Sie freuen sich, dass Kirche nahbar, die Sprache verständlich ist. Auch dass nun deutlich mehr junge Leute zu uns kommen, gefällt den langjährigen Gemeindemitgliedern. Es kommt sogar manchmal vor, dass ich das »Danke für den wunderschönen Gottesdienst« kaum verstehen kann, weil die Besucherin zu Tränen gerührt ist. Mit so überschwänglichen Komplimenten hätte ich im Leben nicht gerechnet.

Die ablehnenden Stimmen aus der Gemeinde kann ich bisher an einer Hand abzählen. Aber ich weiß auch, dass unseretwegen schon einige Menschen aus der Kirche ausgetreten sind.

Interessanterweise stammen die ersten beiden Personen, die dies als Begründung angeben, gar nicht aus unserer Gemeinde. Sie kennen uns noch nicht einmal persönlich, sondern haben nur von uns gelesen. Und das hat sie so sehr verärgert, dass sie an die Kirchenleitung schrieben.

Über die Austritte werden wir von unserer Superintendentin informiert. Dankenswerterweise sagt sie direkt dazu, dass wir das nicht persönlich nehmen sollen. Denn bei jedem neuen Weg, den die Kirche geht, wird es Menschen geben, die nicht mitgehen wollen. Trotzdem ist es ein komisches Gefühl zu wissen, dass jemand unseretwegen die Kirche verlässt.

Unser Fokus bleibt bei den Menschen in unserer Gemeinde. Aber auch hier gibt es die eine oder andere kritische Stimme. Eine ältere Dame spricht mich kurz von einem Gottesdienst an und erzählt mir, dass sie Angst hat, ihre kirchliche Heimat zu verlieren. In Grünhöfe ist sie aufgewachsen und war seit jeher bei uns in der Kirche. Nun merkt sie, wie sich vieles verändert. Und das passt ihr nicht! Leider beginnt der Gottesdienst schon in wenigen Minuten, darum müssen wir das Gespräch unterbrechen. Wir verabreden uns aber für die kommende Woche.

Als sie mich ein paar Tage später im Gemeindehaus besucht, darf sie erst einmal allen Frust bei mir abladen. Ich höre nur zu. Sie erzählt mir, dass ihr die Änderungen zu schnell gekommen sind. Dass Gottesdienste, die sonntags erst um 17 Uhr beginnen, nichts für sie sind, weil sie dann im Dunkeln durch das Viertel laufen muss und sie sich das mit über 70 Jahren nicht mehr traut. Aber nicht nur die Uhrzeit stört sie, sondern auch die lockere Form, wie wir Gottesdienste feiern. Sie hat den Eindruck, dass wir den Gottesdienst nicht ernst genug nehmen. Nachdem sie all das erzählt hat, frage ich, was sie sich mit Blick auf die Kirche wünscht. Anschließend überlegen wir gemeinsam, was wir für sie und ihre Freundinnen anbieten können. Daraus entstehen viele Ideen. Seitdem stehen wir im regelmäßigen Austausch und planen Aktionen für Senior*innen.

Einige Freund*innen der älteren Dame, die früher immer in unsere Kirche kamen, gehen jetzt in die Nachbargemeinde. Denn dort wird der Gottesdienst noch so gefeiert, wie sie es gewohnt sind. Im ersten Moment finde ich es schade, dass sich ihre Freund*innen bei uns nicht mehr wohlfühlen. Andererseits ist der Weg in die Nachbargemeinde nicht weit. Und es ist doch schön, dass sie dort einen Gottesdienst besuchen, der ihnen gefällt.

Kirche muss aus meiner Sicht vielfältiger werden, wenn sie auch andere Menschen als bisher erreichen will. Jüngere, Andersdenkende, diejenigen, die Punk, Rock, Heavy Metal oder Jazz lieber mögen als klassische Orgelmusik. Diejenigen, denen es sonntags um 10 Uhr zu früh ist. Ebenso wie diejenigen, denen die traditionelle Liturgie im Gottesdienst nichts sagt – und die sich deshalb nach neuen Formen sehnen. Zu diesem Prozess gehört leider auch, dass Menschen ihre kirchliche Heimat in Laufweite verlieren. Dafür finden Leute bei uns ein Zuhause, die sich bisher in der Kirche nicht wohlgefühlt haben.

Aber das ist eigentlich überall so. Chöre, die vor allem Stücke aus modernen Musicals auf die Bühne bringen, sind nichts für Freunde des traditionellen, klassischen Chorgesangs. Und Sportvereine, die ausschließlich vormittags Gymnastik anbieten, erreichen vor allem Renter*innen. Logisch.

Chris und ich versuchen in unserer Gemeinde, wie im Fall der Seniorin, für möglichst viele Menschen ein Angebot zu schaffen. Aber das gelingt leider nicht immer. Und manchmal verstolpere ich mich auch.

*

Während meines Vikariats in Emden verhaspele ich mich am Ende eines Gottesdienstes beim Segen. Und das hat folgenden Grund: Ich will weg vom üblichen Segen, der mit den Worten »Der HERR segne dich …« beginnt, weil manche Frauen in dieser Formulierung nicht das Beschützende sehen, sondern negative Assoziationen haben. Für Menschen, die Gott nicht per se als männlich ansehen, ist der Begriff HERR als Name für Gott schwierig. Eine berechtigte Kritik, die ich mir zu Herzen genommen habe.

Deshalb will ich nun das erste Mal für den Segen eine geschlechtsneutrale Formulierung verwenden: »Gott segne dich und behüte dich. Gott lasse leuchten das Angesicht über dir und sei dir gnädig. Gottes Antlitz erhebe sich auf dich und sei dir gnädig.« Dabei komme ich derart durcheinander, dass ich von vorne beginnen muss.

Diesen misslungenen Segen hat mir eine Familie aus der Gemeinde dann immer wieder vorgehalten. Nach dem besagten Gottesdienst hat sie mich zum Gespräch gebeten, und ich musste mir wir ein Schuljunge ihre Kritik anhören. Auch meinen Lösungsansatz nach dem verbockten Segen fanden sie doof: Ich trat damals ab, wie im Theater. Bin also einmal aus dem Altarbereich herausgegangen und habe dann den letzten Akt des Gottesdienstes, also den Segen, neu begonnen. Nachdem ich der Familie mein Handeln erklärt hatte, durfte ich mir in den nächsten Monaten mehrfach anhören, meine Gottesdienste seien zu theatralisch. Egal, was ich probierte, es war leider immer unpassend für sie.

Oft sind die größten Kritiker*innen aber diejenigen, die gar nicht anwesend waren. Stattdessen hören sie über andere Wege von dem, was sich ereignet hat, und regen sich dann darüber auf. Auch diese Sorte Kritik habe ich erstmals im Vikariat kennengelernt. Zu Weihnachten gab es ein großes Konzert in der Kirche, als Vikar durfte ich moderieren und die Weihnachtsgeschichte vorlesen. Leider habe ich mich dabei verlesen. Bei mir war das Jesuskind in »Wecken gewindelt«. Ein Jesuskind auf Stroh mit einem Brot als Windel – diese Vorstellung fand ich spontan sehr witzig und musste laut loslachen. Den Verleser hatte niemand richtig mitbekommen. Und die wenigen, die es gemerkt hatten, fanden es zum Glück genauso witzig wie ich und haben mitgelacht. Sie hatten also kein Problem mit meinem Patzer. Das weiß ich nicht nur, weil sie mitgelacht haben. Nach dem Konzert haben mir das mehrere Anwesende persönlich gesagt.

Dass der Vikar beim Verlesen der Weihnachtsgeschichte unvermittelt in Heiterkeit ausbricht, konnte am nächsten Tag die ganze Stadt in der Zeitung lesen. Mein Mentor Christoph rief mich am Montag nach dem Konzert an und sagte nur: »Max, wenn du Lust hast, hol dir doch mal die Zeitung. Wir wurden erwähnt. Aber zieh dich warm an.«

Wochenlang wurde ich darauf angesprochen, was denn bei dem Weihnachtskonzert schiefgegangen sei. Die Neugierde konnte ich verstehen. Aber nicht die abfälligen Kommentare wie: »Wenn du als Vikar noch nicht mal die Weihnachtsgeschichte lesen kannst, solltest du deinen Job mal überdenken.« Meist waren es Menschen, die nicht dabei waren, die besonders viel Kritik übten oder Häme auskippten.

Zum Glück waren Chris und ich damals schon befreundet, und ich konnte mich bei ihm ausheulen. Eine vernichtende Kritik über sich selbst in der Zeitung zu lesen ist einfach ein beschissenes Gefühl. Vor allem, wenn die halbe Stadt den Artikel gelesen hat. Auf jeden Fall zu viele Menschen, um sich vor allen zu rechtfertigen. Ich fühlte mich hilflos.

Egal was ich erklärt oder gemacht hätte, es hätte immer irgendwie weinerlich und beleidigt gewirkt. Stattdessen sehe ich dieses Erlebnis seither als Motivation. Als Ansporn, an einer Atmosphäre mitzuwirken, in der Fehler passieren dürfen. Ich wünsche mir eine Kirche, in der das normal ist – und in der gelacht werden darf! So normal, wie es ist, gemeinsam in der Kneipe Spaß zu haben.

Ihr ahnt es mittlerweile: Auch während meines Vikariats verbringe ich eine Menge Zeit in Kneipen, vor allem im »Einstein«. Das ist das Lokal gegenüber der Kirche. Eine der beiden richtig coolen Locations in Emden, in denen auch die Studis von der Hochschule abhängen. Da ich in Emden niemanden außer meinem Mentor kenne, beschließe ich, im Einstein neue Leute kennenzulernen. Und das klappt dann auch.

An einem Abend erzählt mir einer der Barkeeper von seiner Freundin, die gerade Theologie auf Lehramt studiert. Und dass es doch irgendwie schade ist, dass Menschen so wenig über ihren Glauben sprechen. Eine Steilvorlage, denn ich hatte eh geplant, während meines Vikariats eine Gruppe ins Leben zu rufen, in der das Gespräch über den Glauben im Mittelpunkt steht. So wird aus dieser Schnapsidee tatsächlich ein regelmäßiges Treffen. Einmal pro Monat bringe ich aktuelle Zeitungsartikel, die im weitesten Sinne mit Kirche zu tun haben, mit in die Kneipe. Die Artikel sind eine gute Anregung für den Austausch mit den anderen Gästen. Die Getränke zahlen alle selbst. Jeden Monat kommt ein relativ fester Kreis, acht bis zehn Menschen, zum »Theologischen Stammtisch« zusammen. Theolog*innen, Studierende aus den verschiedensten Fachrichtungen, zufällige Kneipenbesucher*innen, Gemeindemitglieder und auch ein paar Atheist*innen sind dabei. Zum Teil sind es Menschen, die sonst weder in die Kneipe noch in die Kirche gehen. Es spricht sich schnell in der Stadt herum, dass es interessant und einfach nett ist, sich an den Gesprächen im Einstein zu beteiligen. Und ich bin plötzlich so etwas wie ein Kneipenpastor.

Nach dem Stammtisch werde ich mehrfach von anderen Gästen angesprochen: »Cool, dass ihr das macht …« Der christliche Glaube ist nach wie vor für viele Menschen ein interessantes Thema. Nur kommen sie nicht mehr in die Kirche. Umso wichtiger ist es darum, dass die Kirche zu den Menschen kommt. Mit dem theologischen Stammtisch gelingt das.

Nach einiger Zeit trauen sich sogar mehrere Leute vom Stammtisch in die Kirche gegenüber. So kommen nicht nur Kirchgänger*innen in die Kneipe, sondern auch Kneipengänger*innen in die Kirche. Und für die meisten Menschen Mitte zwanzig ist es noch komischer, das erste Mal in eine Kirche zu gehen, als es für mich war, alleine in eine Kneipe zu gehen.

Es gibt echt viele Hemmschwellen. Nicht nur die, die verhindern, dass Menschen überhaupt in die Kirche kommen. Auch wenn sie da sind, wird es oft nicht besser: Pastor*innen sprechen oder singen in einer unverständlichen Sprache. Zusätzlich werden sie dadurch irritiert, dass die Gemeinde auf ein geheimes Signal hin wie von Geisterhand aufsteht und sich wieder setzt. So etwas kann total abschreckend wirken. Kleine Gesten können helfen, aber selbst die sind für manche, die das erste Mal mit dabei sein, nicht so klar verständlich, wie Gottesdienst-Profis oft meinen. Wenn die ganze Gemeinde plötzlich das Glaubensbekenntnis oder das Vaterunser spricht, fühlen sich Neuzugänge seltsam berührt oder ausgegrenzt, wenn sie merken: »Oh, das kann ich gar nicht mitsprechen.«

Hemmschwellen zu senken ist mir schon im Vikariat ein Anliegen. Jede Chance, und ist sie noch so klein, ergreife ich. Mein Mentor achtet dabei durchaus darauf, dass ich keine Projekte beginne, die später an ihm oder der Gemeinde hängen bleiben. Aber er ermutigt mich gleichzeitig, die Bereiche, in denen ich mich ausprobieren kann, zu nutzen. So kommt es zu einer Situation, die im Rückblick das Highlight meiner Vikariats-Zeit ist: Kawa, einer der Barkeeper aus dem Einstein, fragt mich, den »Kneipenpastor«, ob ich ihn taufen kann. Er spricht damals noch nicht so gut Deutsch, und ich verstehe die Frage, die er stellt, erst im zweiten Anlauf: »Du, ich, unter Wasser?«

Nachdem ich herausgefunden habe, dass Kawa keinen Tauchkurs machen will, sondern möchte, dass ich ihn taufe, beginnen wir mit der Planung. Weil Kawa immer vormittags in der Kneipe arbeitet, soll die Taufe abends gefeiert werden. Den Taufgottesdienst halte ich auf Englisch, weil das die

Sprache ist, die Kawa besser versteht. Eine bunte Mischung aus Freund*innen und Kneipenleuten steht im Altarraum der Kirche zusammen. Statt eines Organisten macht Arne die Musik. Auch ihn kenne ich aus dem Einstein. Arne krönt unsere kleine Tauffeier mit einer Jazzversion von »Nothing else matters«. Im Anschluss gehen wir ins Einstein, und Kawa gibt allen Gästen einen Drink aus.

Mit der Taufe feiern wir den Beginn einer Reise mit Gott. Bis heute ist Kawas Taufe eine der schönsten, die ich feiern durfte. Wenn ich alles alleine geplant hätte, wäre es anders gekommen. Weil ich aber sowohl den Täufling als auch den Musiker zum Planen mit ins Boot geholt habe, konnten wir diese wunderschöne Taufe feiern. Und gerade weil beide gar nicht so sehr mit der Kirche verbunden waren, sind richtig gute Ideen entstanden. Wichtig ist, dass wir uns zusammen auf die Suche machen.

Kawa hat mich nur gefragt, ob ich ihn taufen kann, weil ich regelmäßig in der Kneipe zu Gast war. Als wir uns später getroffen haben, um die Taufe konkret zu planen, habe ich ihn zunächst gebeten: »Erzähl mir von deinem Glauben.« Und nachdem er mir seine Geschichte anvertraut hatte, durfte er mir alle Fragen stellen, die er vor seiner Taufe noch loswerden wollte.

*

In vielen Taufgesprächen stellen Pastor*innen die Fragen. Und vielleicht interessierte Menschen befürchten so etwas und trauen sich darum erst gar nicht in die Kirche. Dabei sagt der Wunsch: »Ich will getauft werden« doch schon alles. Gott ist eh schon da.

Arne hätte bei der Taufe auch klassische Kirchenchoräle spielen können. Aber Kawa hätte damit nichts anfangen können. Deshalb haben wir Lieder ausgesucht, von denen wir wussten, dass sie dem Täufling gefallen würden. Ich finde dieses Einfach-mal-Machen so wichtig. Denn viele gute Ideen werden in der Kirche zerredet.

An die Zeit in Emden denke ich gern zurück. Trotz mancher Pannen und Tiefschläge, gerade am Anfang meines Vikariats, habe ich viel Schönes erlebt und mich am Ende in der Gemeinde irgendwie zu Hause gefühlt. Manches kam mir schon am ersten Tag vertraut vor. Kein Wunder: Der Architekt, der die Martin-Luther-Kirche in Emden entworfen hat, war auch für die Gestaltung der Kirche in Himmelsthür verantwortlich, in der ich nach dem Abi meine erste Predigt gehalten hatte. In der Tat sehen beide Kirchen von innen ziemlich identisch aus. Nur ist die Emdener Version deutlich größer.

Etwas gestalten zu können ist wunderbar. Meine derzeitige Wohnung in Bremerhaven hat nur einen kleinen Balkon. Trotzdem habe ich dort mit Urban Gardening angefangen. Das ist ein cooler Begriff dafür, Nutzpflanzen, Obst und Gemüse in der Stadt anzubauen. Aus einer alten Kiste habe ich ein Hochbeet gebaut. Außerdem habe ich eine Regenrinne aufgeschnitten und mit Erde gefüllt, um mehrere Erdbeeren übereinander zu pflanzen. Letztere sind zwar eingegangen. Aber dieses Projekt hat mir zwei Dinge gezeigt, die auch für den Gemeindebau wichtig sind: Arbeite mit dem, was da ist, und mache das Beste aus den Möglichkeiten, die du hast. Und: Damit etwas wachsen kann, brauchst du Samen. Chris und ich sind immer auf der Suche nach frischen Ideen, aus denen etwas wachsen kann. Und wir haben festgestellt, dass es dafür oft nicht viel braucht. Wir nutzen kreativ die Möglichkeiten, die schon da sind, und machen uns mit der Gemeinde zusammen auf den Weg.

7. DIE PRESSEABTEILUNG
VON KÖNIG ARTUS

Chris // Es gibt in Deutschland sage und schreibe neun Orte und Städte mit dem Namen Gronau. Zwei davon sollen hier näher beleuchtet werden. In Gronau im nördlichen Münsterland wurde Udo Lindenberg geboren – der coole Typ mit dem Panikorchester. Die Stadt hat ihm ein Denkmal gewidmet. Und in Gronau an der Leine habe ich mein Vikariat gemacht. Eine gemütliche Kleinstadt, die auf den klassischen Infotafeln mit drei touristischen Attraktionen wirbt: einem beheizten Freibad, einem Museum, das nur dienstags öffnet, und der Kirche am Marktplatz, die für zwei Jahre mein Arbeitsplatz ist. Mein Plan ist eigentlich, als eine Art Kneipenpastor die jungen Gronauer*innen am Tresen zu finden. Aber in den örtlichen Kneipen sind nur Leute zu finden, die quasi schon zur Einrichtung gehörten, als ich geboren wurde. Doch ich höre von dem Mythos, dass sich beim Stadtfest auch mal Gleichaltrige in die örtliche Sports-Bar verlaufen. Als das jährliche Weinfest stattfindet, kommt Max für ein paar Weißweinschorlen nach Gronau. Wir haben zusammen eine echt sweete Zeit. Als das Fest zu Ende geht, erzähle ich ihm auf dem Nachhauseweg von meinen Überlegungen.

Max tut, was ich von einem guten Freund erwarte: Er geht zielstrebig auf die Sports-Bar zu und zieht mich am Arm hinein. Dort finden wir die üblichen Verdächtigen und vier Ladys in ihren Vierzigern. Als diese uns sehen, dröhnt es durch die Bar: »DA SIND MÄNNER!« Sekundenbruchteile später sind wir umringt von Sektgläsern und Anzüglichkeiten, die ich nicht wiederzugeben wage. Innerhalb von zwei Minuten haben die vier raus, dass wir Pastoren werden. Das ändert alles. Aus Anzüglichkeiten werden Herzlichkeiten. Es geht nicht mehr darum, was sie mit uns heute Nacht anstellen wollen, sondern was ihr Leben in den letzten Jahren mit ihnen gemacht hat. Max und ich nicken uns wortlos zu, bestellen Bier und sprechen mit jeweils zwei der Damen. Es geht um Jobprobleme, Scheidung und andere Lebenskrisen. Eine der beiden Damen an meinem Tisch ist alleinerziehende Mutter. Ihr laufen Tränen über die Wangen, als sie von den Wünschen für ihre Tochter spricht. Sie soll mutig und liebevoll aufwachsen, gerade in einer Welt, die auch so fies und gemein sein kann. Daraufhin fragt sie mich, ob ich schon taufen darf. Denn sie wünscht sich sehnsüchtig, dass ihre Tochter getauft wird. Aber sie hat nicht das Gefühl, als geschiedene und tätowierte Frau in der Kirche willkommen zu sein. Ich reiche ihr die Hand, sie sieht meinen tätowierten Arm. Und ich sage mit einem Lächeln: »Herzlich willkommen.« Ein paar Wochen später taufe ich ihre Tochter. Und ja, das weiß ich längst: Der liebe Gott wirkt auch in Kneipen.

*

Es reicht nicht, wenn Kirche ihre Türen sonntags öffnet und wir in unseren prachtvollen Schuppen auf die Leute warten. Wir sollten dort sein, wo das tägliche Leben stattfindet. Deshalb melde ich mich zu Beginn meines Vikariats bei Instagram an. Denn dort sind unter anderem auch die Konfirmand*innen und Teamer*innen der Jugendgruppe unterwegs. In den Gesprächen der Jugendlichen ist Instagram regelmäßig Thema. Wie es sich anfühlt, wenn jemand dein Leben »liked« – oder eben nicht. Wer gerade neue Fotos eingestellt hat, welches Video angesagt ist – auf Instagram und auf anderen Social-Media-Plattformen wird geteilt, was dran ist. Mal einen Blick darauf zu werfen ist das eine. Aber erst, wenn man selbst eine Weile dabei ist, kann man wirklich erfahren, auf was es ankommt. Ich erstelle mir ein Profil, lade einige Bilder hoch – und los geht's.

Wenn ich etwas Neues ausprobiere, dann gebe ich mir vorher eine Challenge. In diesem Fall lautet sie: Ich will es drei Monate lang ernsthaft ausprobieren. Also jede Woche etwas posten, liken, Nachrichten schreiben und gucken, wie es sich anfühlt. Am Anfang folgt mir nur meine Schwester auf Instagram. Aber es werden täglich mehr Follower*innen, und ich erlebe einen kleinen Rausch. Wenn die roten Herzchen über den Bildschirm fliegen, weil jemand einen Post geliked hat, spüre ich eine Welle warmer Gefühle. Letztlich geht es um eine der großen Sehnsüchte unseres Lebens: wertschätzende Aufmerksamkeit geschenkt zu bekommen.

Die Beziehungen in unserem Leben sorgen für Emotionen. Wir erleben durch andere Menschen Freundschaft und Anerkennung, genauso wie Zweifel und Kritik. Das alles gibt es auch in den sozialen Medien. Digitalen Beziehungen fehlt manchmal nur das Händeschütteln. Ich habe auf Instagram Freund*innen gefunden, die ich noch nie getroffen habe. Und trotzdem werde ich durch sie angespornt und inspiriert. Wie in meinen Jugendjahren, als Elvis und die Beatles meine Vorbilder waren. Ihre Musik fasziniert mich bis heute.

Erstaunlich: Sogar längst verstorbene Persönlichkeiten können einen Einfluss auf uns haben. Anderen Menschen etwas Positives mitzugeben, das ist so wichtig. Im bestens Sinne ist das die Chance der Influencer*innen.

Am Ende der Testphase habe ich begriffen, dass Instagram viel mehr ist als eine Plattform zur Selbstdarstellung. Klar kann es dafür genutzt werden, aber wie mit jedem Werkzeug kommt es auf den an, der es benutzt. Ein Seil kann in der Hand eines Henkers töten und in der Hand einer Seglerin Leben retten. Soziale Medien sorgen in der Hand eines Narzissten nur für Fremdscham. Aber sie können auch hilfreich sein, um eine Beziehung zu knüpfen. Heutzutage kennt eigentlich fast jede*r irgendeine Person, die sich über das Internet verliebt hat. Ich habe schon zwei Paare verheiratet, die sich beim Onlinedating kennengelernt haben. Und wenn Menschen sich digital verlieben können, dann können wir auch locker digitale Kirche sein.

Mein erster Schritt in diese Richtung ist die Anmeldung bei Instagram, aus der viel mehr wird als eine bloße Stippvisite in die Welt der Konfis. Denn ich lerne auf der Plattform auch Gleichaltrige aus Gronau kennen. Für sie ist es spannend (und für einige auch merkwürdig), den Vikar auf Instagram zu finden. Einige nutzen die Chance, um mich auszufragen. Kirche ist plötzlich online ansprechbar, bequem von zu Hause übers Smartphone. Und die Sehnsucht nach Gott ist immer noch groß, das merke ich täglich.

*

Als Zwölfjähriger habe ich mein erstes Handy bekommen. Einen Klotz mit Antenne. SMS konnten nur in Großbuchstaben geschrieben werden. Irgendwann habe ich das erste Klapphandy und dann den ersten eigenen PC mit Internetzugang bekommen. SMS waren teuer, weil sie damals noch einzeln abgerechnet wurden. Aber mit Bekannten und Freunden chatten konnte ich, so viel ich wollte. Wenn mich als Jugendlicher jemand gefragt hat, was meine Hobbys sind, dann habe ich immer »Schach und chatten« geantwortet. Chatten ist wie eine digitale Party. Ich kann gleichzeitig mit vielen Leuten schreiben. Zu jeder Tageszeit ist irgendwer online. Egal, ob es Probleme mit den Hausaufgaben oder mit der ersten Freundin gibt, alles lässt sich mit Freund*innen und einer Tastatur lösen.

Ich erinnere mich auch noch gut an den Moment, als ich mein Instagram-Profil erstellt habe. Gemütlich lag ich auf dem Sofa und war meganeugierig. Ein paar Klicks – und ab geht die Post.

Dabei bin ich von Anfang an mit einer fröhlichen Leichtigkeit unterwegs. Es macht Spaß auszuprobieren, was alles geht. Am eigenen Profil ein wenig zu feilen, das eine oder andere noch zu verbessern und dann zu warten, was alles passiert.

Es ist gleichzeitig möglich, das Leben ernst zu nehmen und trotzdem über sich selbst und die Welt zu lachen. Das habe ich für mich erfahren. Gott schenkt das Lachen und die Leichtigkeit. Und er schenkt mir Gelassenheit. Deshalb kann ich meine Posts auf Instagram auf die leichte Schulter nehmen. Die Rückmeldungen und Likes auf Instagram entscheiden nicht über meinen Wert. Klar fühlt es sich nett an, wenn jemand anderes mir signalisiert, dass ihm das, was ich mache, schreibe, poste, gefällt. Aber sobald jemand seinen Selbstwert daran hängt, beginnt ein *carrousel de merde* (auf Französisch klingt alles seidiger, sogar ein *Scheißekarussell*). Ich weiß von Menschen, deren Tag versaut ist, weil sie auf einer Social-Media-Plattform Ablehnung erfahren haben. Und klar: Es gibt auch üble Attacken, richtiges Mobbing. Damit ist nicht zu spaßen. Und im Zweifelsfall müssen wir uns frühzeitig Hilfe holen, wenn wir so etwas erleben. Wichtig zu wissen: Genau wie im richtigen Leben geht auch in den sozialen Medien vieles in die Hose, wenn wir uns von etwas oder jemandem abhängig machen.

Dass ich auf Instagram Zeit verbringe, entspringt keinen Zwängen. Ich bin dort unterwegs, wenn ich Bock darauf habe.

Ich will neue Leute kennenlernen, meinen Alltag als Vikar mit anderen ein Stück weit teilen und davon erzählen, dass Gott mein Leben zu einer geilen Zeit macht. Manchmal poste ich auch einen Tag lang nur Wortwitze. Das kann Max leidvoll bestätigen. Dabei ist mein Gedanke: Wenn nur eine Person lächelt, dann hat es sich gelohnt. Ich nehme mir alle Freiheiten. Gerade das kommt an, besser als erwartet.

Eines Nachmittags vibriert plötzlich mein Handy. Eine Nummer, die ich nicht kenne, ist auf dem Display zu sehen. Es meldet sich die Medienabteilung meiner Landeskirche.

Was eine Landeskirche ist, erkläre ich Interessierten so: Wenn die Kirchengemeinden die Avengers sind, dann ist die Landeskirche unser Nick Fury. Oder wären die einzelnen Ortskirchen die Ritter der Tafelrunde, dann wäre die Landeskirche unser König Artus. Und König Artus hat heutzutage auch eine Pressestelle und eine Medienabteilung. Die habe ich jetzt am Telefon. Zuerst rutscht mir für einen Moment das Herz in die Hose. Ich denke: Jetzt gibt es was auf die Finger für meinen frechen Insta-Kanal. Aber genau das Gegenteil passiert. Sie laden mich ein, mit einem Kamerateam auf den Kirchentag zu fahren, um herauszufinden, wie Jugendliche sich die Gottesdienste der Zukunft wünschen. Geil! Mein Herz beginnt zu tanzen.

Ein paar Wochen später laufe ich mit einem Kamerateam vom Mediendienst der Evangelischen Jugend Bramsche über den Kirchentag. Das Team besteht aus Vanja, Magnus und Meret – und die drei retten mir den Hintern. Denn ich merke schnell, dass es zu Hause am Handy deutlich einfacher ist, locker zu bleiben. Als das erste Mal Kamera, Licht und Mikrofon auf mich gerichtet sind, stammele ich plötzlich wieder wie damals bei meiner ersten Andacht. Lachend sage ich zu den dreien: »So, Leute, alles, was ich hier gerade sage, klingt wie ein langweiliger Pastor. Also zieht mir bitte den Stock aus dem Arsch.« Das machen sie nicht, aber ihre Tipps sind Gold wert. Es hilft mir tierisch, wenn ich mir vorstelle, dass ich das alles einem guten Freund erzähle. So, wie sie es mir geraten haben. Die Anspannung verliert sich, ich kann wieder normal sprechen. Das Ganze einigermaßen ruhig und gelassen angehen. Am Anfang hat das Team viel Geduld und am Ende viel Spaß. Denn es fällt mir von Minute zu Minute leichter, locker und fröhlich vor der Kamera zu agieren. Seitdem habe ich viele Drehs erlebt und denke jedes Mal wieder an die drei. Sie haben mir geholfen, meine Leichtigkeit wiederzufinden. Und mittlerweile machen mir Drehs so viel Bock, dass ich aufpassen muss, nicht zu locker zu sein.

*

Wenige Monate später bekomme ich ein Angebot von der Landeskirche, das ich nicht ablehnen kann: eine Social-Media-Arbeitsstelle. Dabei ist mir die Kohle, die ich dafür bekomme, nicht so wichtig. Ich bin davon begeistert, dass die Kirche erkennt, dass wir Formen suchen müssen, um auch im digitalen Raum unterwegs zu sein. Das ist ein Grund zu feiern. Und es ist total abgefahren, was seit meiner Anmeldung bei Instagram alles passiert ist. Aber hätte mir vorher jemand gesagt: »Wenn du das mit Instagram hier richtig anstellst, dann eröffnen sich irgendwann auch neue berufliche Perspektiven für dich«, dann wäre ich von Anfang an gelähmt gewesen. Mit diesem Ziel vor Augen hätte ich manches viel vorsichtiger gemacht, um bloß niemandem auf die Füße zu treten. Doch gerade die Leichtigkeit ist es, die mir bis heute Freude bereitet. Neue Menschen kennenzulernen, jemandem ein Schmunzeln zu schenken, verrückte Dinge auszuprobieren.

Klar kommt dabei häufig mein Gesicht ins Spiel, aber es geht nicht nur um mich, wenn ich auf Instagram unter dem Namen *wynschkind* etwas poste. In den sozialen Medien sind wir alle als Personen eine Art Vehikel für die göttliche Liebesbotschaft.

Gesichter spiegeln Gefühle. Dass wir uns gegenseitig anschauen ist wichtig, um eine Beziehung aufzubauen. Wenn wir einen Videoanruf machen, richten wir die Kamera nicht auf die Wand unseres Zimmers, sondern auf unser Gesicht. Auf diese Weise lassen sich auch Fernbeziehungen leichter gestalten – sich zu sehen verringert gefühlt die Distanz. Ich führe mittlerweile, wenn man so will, über dreitausend Fernbeziehungen auf Instagram. Das klingt seltsam, ist es auch ein bisschen, aber es ist eben auch chancenreich. Dabei ist es nicht entscheidend, welchen Namen oder welches Profilfoto du wählst. Das Entscheidende in den sozialen Medien bist du. Deine eigene Art und deine persönliche Geschichte. Auch deine Geschichte mit Gott. Erzähle, was dir hilft, und das kann anderen helfen. Du musst nichts perfekt machen, Hauptsache, du startest. Einfach mal machen. Ausprobieren und abwarten, was der liebe Gott daraus macht. Wichtig: Du brauchst niemanden zu imitieren. Sei du selbst. Niemand muss in den sozialen Medien aktiv sein. Aber ich nutze sie als Chance, um zu zeigen, wie sehr sich Kirche in den letzten Jahrzehnten schon verändert hat. In weiten Teilen ist sie heutzutage bunter und offener als das Bild, das Menschen von Kirche haben. Das wollen wir zeigen! Und das darf auch gerne mal mit einem Grinsen passieren. Mir macht es große Freude, im Internet von der Liebesbotschaft Gottes zu erzählen.

Bei einem Zeitungsinterview, mit dem ich mich als Vikar in Gronau vorstelle, fahre ich mit meinem Skateboard vor und schaffe es so auf die Titelseite des Lokalblattes. Die Worte der Journalistin habe ich noch im Ohr: »Das ist ja mal was anderes, so etwas finden die Leute spannend.«

Das Anderssein kenne ich seit meiner Kindheit. Früher habe ich dafür Schläge kassiert, und jetzt gibt es Beifall. Ich hätte damals nie gedacht, dass es mal positiv ankommen würde, aus der Reihe zu fallen. Wir können unsere Andersartigkeiten lieben lernen und nutzbar machen. Und ich wünsche mir, dass die Kirche als Ganzes anders wird.

»Anders« bedeutet natürlich nicht, dass ich mir, wie es der Hip-Hopper Peter Fox besingt, *Baumaschinen, Bagger und Walzen und Kräne* besorge, um alles neu zu machen. Das braucht es alles nicht, wir müssen nichts wegreißen, keine Bauten errichten. Alles, was wir brauchen, ist da.

Kirche ist längst geil, weil wir die Botschaft von der radikalen Liebe Gottes haben. Aber wir sind dabei oft zu fokussiert auf althergebrachte Formen. Dadurch wirken viele Kirchen wie Museen. Orte, an denen alle still sein müssen und Antikes ehrfürchtig betrachten dürfen. Dabei darf es in der Kirche auch laut sein, weil das Leben selbst nun mal laut ist. Klar kann es auch mal ruhig und andächtig werden, um einen Kontrast zur unruhigen Welt zu haben. Aber wenn unsere Formen immer nur ein Kontrast zur normalen Lebenswelt sind, dann werden wir automatisch das Gegenteil von lebendig sein. Schweigeminuten sind wichtig, aber das Tanzen in der Kirche auch.

*

Ich stehe total auf Tierdokus. Zum Feierabend kann ich damit auf Weltreise gehen. Die farbenfrohen Bildwelten faszinieren mich, es gibt schöne Details zu sehen, und ich lausche der Erzählerstimme, die mir von Tieren in ihren natürlichen Lebensräumen berichtet. Lebensräume sind Orte, an denen alles wunderbar ineinandergreift – ein Platz, an dem wir zu Hause sind. Für mich war der klassisch-traditionelle Gottesdienst nie ein natürlicher Lebensraum. Dort habe ich mich immer fremd gefühlt. Als Pastor habe ich mich heute bestmöglich der Umgebung, in der ich lebe, angepasst. Aber ich fremdele weiterhin mit dem, was ich vielerorts erlebe, wo Kirche draufsteht. Für mich ist die traditionelle Liturgie der Kirche kein Zuhause.

Sicher gibt es viele Leute, die genau diese traditionelle Gottesdienstform lieben. Denen will ich nichts wegnehmen, aber es braucht aus meiner Sicht viel mehr verschiedene Formen für Gottesdienst und Kirche.

Unsere Gesellschaft hat sich in den letzten hundert Jahren stark verändert.

Wo früher klar war: So und nicht anders ist es – und so bleibt es, gibt es heute eine Vielfalt an unterschiedlichen Strömungen. Und das ist gut so!

Der sonntägliche 10-Uhr-Gottesdienst, die besinnliche Taizé-Nacht, das klassische Orgelkonzert und der Bibelkreis sind einige bekannte Ausdrucksformen. Aber da gibt es so viel mehr, was Kirche anbieten könnte: Eine Rocknacht, ein Frühstück mit allem Drum und Dran, Partys in der Kirche oder einen Gesprächskreis an einem abgefahrenen Ort. Vom Aussichtsturm bis zur Kneipe – überall ist Raum für eine neue Gemeinschaft. Andersdenkende einzubeziehen, zu überlegen, wie wir die erreichen können, die schon lange »weg sind« – das sind die Herausforderungen.

Im Idealfall ist die Kirche so bunt, wie es das Land und die Leute sind. Unter dem Dach der Kirche ist Platz für Junge und Alte, Traditionalisten und schräge Vögel – wir müssen die Offenheit nur aushalten. Bei der Suche nach neuen Formen ist es wichtig, die Sehnsucht der Menschen im Blick zu haben. Denn wir alle haben einen Schatz in uns, und jeder muss seinen eigenen Weg zu Gott finden.

Es braucht auch keinen Pastor, der vorangeht. Keine Pastorin, die sagt, wie es richtig ist. Jede*r kann sich einbringen, wenn es darum geht, neue Formen zu finden. Wenn du Gott zum ersten Mal beim Bier in der Kneipe begegnet bist, dann lade vielleicht andere Leute zu einem »Bibel & Bier«-Abend ein. Wenn du beim Pilgern deinen Weg mit Gott begonnen hast, dann plane eine Pilgertour und nimm andere mit auf den Weg, die eine ähnliche Sehnsucht wie du verspüren. Und wenn du es draufhast, im Internet zu Aktionen einzuladen oder auf Instagram spannende Ideen zu teilen, dann mach es. Es braucht den Einsatz vieler, damit die göttliche Idee der radikalen Liebe auch im Netz Einfluss gewinnt. Sie hat die Kraft, Menschen und Ideen auf der ganzen Welt zu verbinden. Und am Ende sind immer die persönlichen Kontakte entscheidend.

Wir sollten als Christ*innen da unterwegs sein, wo das Leben stattfindet. Denn dort gehört die göttliche Liebesbotschaft hin. So entsteht eine Kirche, die gemeinsam aufblüht – in vielen verschiedenen Farben.

Gott als Zentrum zu haben reicht. Die Botschaft der Liebe gilt für alle gleich. Wir können uns trauen, die Vielfalt zuzulassen. Allen Menschen mit offenen Armen zu begegnen.

Jesus hat seine Jünger zu den Leuten nach Hause geschickt. Auch wir sollten uns deshalb nicht darauf beschränken, am Sonntag in unsere schmucken Schuppen einzuladen. Kirche ist seit jeher mehr als ihre Gebäude. Die Botschaft und die christliche Gemeinschaft gehören auf die Plätze mitten in der Stadt, in große Hallen und kleine Wohnungen. Überall dort, wo sich Menschen begegnen. Es ist an uns, Wege dafür zu finden, in die Breite zu kommen. Weil wir nicht einfach creepy vor der Tür stehen wollen, ist der digitale Weg eine passende Plattform. Denn das Smartphone haben wir überall dabei: Im Zug, auf dem Sofa, beim Chillen auf der Wiese und am Arbeitsplatz. Manche haben sogar Smartphone-Halterungen für die Badewanne. Und mit deinem Smartphone kannst du die Kirche sogar mit ins Fitnessstudio nehmen, wenn dir der Sinn danach steht.

Es genügt aber natürlich nicht, die althergebrachten Formen von Kirche abzufilmen und Gottesdienste online zu stellen. Das wäre so, als würden wir als Major McLane von der Raumpatrouille Orion verkleidet auf eine Star-Trek-Fan-Convention gehen – zwar irgendwie futuristisch, aber gleichzeitig Jahrzehnte zu spät. In manchen Bereichen schreibt die Kirche quasi noch immer SMS mit Großbuchstaben und merkt nicht, wie sie damit großelterlich daherkommt. Gleichzeitig wundert sich der Rest der Welt über dieses Auftreten. Und die gesendeten Botschaften stolpern dahin oder kommen gar nicht an. Dazu zählen auch die ewig langen Internetadressen, die häufig in den Schaukästen von Kirchen zu finden sind. Aber wirklich niemand nimmt sich die Zeit, um so einen Link abzuschreiben und im Internetbrowser einzutippen. Du würdest dir ja auch nicht die Zeit nehmen, um diesen Link hier abzuschreiben, nur um herauszufinden, was sich dahinter verbirgt, oder?

https://emmaus-bhv.de/aspjv_ojwwasistdasfuereinlanger linkhpd3svhe4ijwfalsowirklichniemandtipptdashierabas1d vhhoderwillstdudirdiesemuehemachenummichzuwiderle genfragezeichengewsjvasd/

*

In den letzten Jahren haben wir innerhalb kürzester Zeit gelernt, dass Videokonferenzen und digitale Konferenzen gut funktionieren können und es möglich machen, dass jede Menge Leute mit relativ wenig Aufwand zusammenzubringen sind. Auch kirchliche Organisationen haben notwendige Sprünge gemacht. Gottesdienste, Andachten und viele andere Formate haben ihren Weg ins Netz gefunden. Einiges war klasse, anderes wirkte eher müde. Aber es war wichtig, dass etwas gewagt wurde. Niemand muss perfekt sein. Niemand muss alles beherrschen. Die eine macht das, der andere macht jenes. Und wir lernen voneinander. So können wir als Kirche vom Lebensmittelhandel und dem Personal an der Wursttheke lernen, das uns fragt: »Darf es noch ein bisschen mehr sein?«

Es braucht eine Person, die den ersten Schritt macht. Dazu möchten Max und ich dir Mut machen! Fang einfach an und mach was draus! Mach etwas aus deiner Einzigartigkeit und deinen Eigenarten. Denn du und deine Art sind eine Chance, die es nur einmal gibt. Such dir eine Nische im Internet, nimm Gott mit auf die Reise und schau, was passiert. So entstehen Communities. Digitale Gemeinschaften rund um ein Thema oder eine Persönlichkeit.

Jede*r, der zur Kirche gehört und in den sozialen Medien unterwegs ist, wirkt im besten Fall wie eine ausgestreckte Hand. Durch sie oder ihn wird Kirche ansprechbar. Das bietet Chancen in vielen Bereichen, zum Beispiel bei der Seelsorge.

Für diejenigen da zu sein, die Hilfe brauchen, das kann viele Formen haben. Allein, jemandem zuzuhören, wenn er über seine Sorgen spricht, kann schon helfen. Wie das Sprichwort sagt: »Geteiltes Leid ist halbes Leid.« Denn zu wissen, dass da jemand ist, der sich für meine Probleme interessiert, der einfach da ist, das kann so guttun.

Sich um andere und deren emotionale Gesundheit zu sorgen, das können wir auch im digitalen Raum leisten. Es gibt sogar spezielle kirchliche Angebote im Netz. Wenn ihr Hilfe sucht, dann googelt einfach »Online, Chat- und E-Mail-Seelsorge«. Dort findet ihr das Angebot der Evangelischen Kirchen Deutschlands. Und die katholische Variante findet ihr unter dem Stichwort »Internetseelsorge«.

Alle Pastor*innen haben eine seelsorgerische Ausbildung. Für ehrenamtliche Mitarbeiter*innen gibt es Fortbildungsmöglichkeiten. Menschen in besonders herausfordernden Situationen brauchen manchmal aber auch die Unterstützung von Profis – Psychotherapeut*innen und Fachärzte. Und es ist wichtig, sich solche Hilfe zu suchen, wenn man sie will oder braucht.

*

Als Kirche ist es nicht nur unsere Aufgabe, das Leben zu feiern, sondern auch für die Menschen da zu sein, denen es mies geht. Ich möchte ein Wegweiser sein, der dahin zeigt, wo es Hilfe gibt. So kann ein digitaler Hilferuf aussehen: »Hey, Chris, so eine Scheiße, Mann. Du bist doch Pastor, ich brauche Hilfe. Meine Freundin hat mich vorhin verlassen, weil ich fremdgegangen bin. Sie hat den Hund mitgenommen und meinen Personalausweis zerschnitten und auf den Esstisch gelegt. Ich habe keine Ahnung, was ich machen soll. Kannst du mir helfen?« Diese Nachricht erreicht mich auf Instagram. Und egal, wie voll die Woche ist, so ein Hilferuf hat Vorrang, auch wenn er die eigene Tagesplanung zerschlägt. Bei den kleinen und großen Notfällen des Lebens gibt es oft keinen Aufschub. Das Füreinander-da-Sein hat Priorität.

Seitdem ich als Pastor auch im Internet präsent bin, habe ich Hunderte solcher Seelsorgeanfragen bekommen. Zu allen Lebensbereichen. Der Leidensdruck ist meist enorm. Online bin ich schnell und einfach erreichbar. Da ist es möglich, nebenbei mal eine Frage zu stellen. Nur auf einen Button klicken, und die Nachricht ist abgeschickt. Und alle haben im Netz die Möglichkeit, mich als Pastor erst einmal aus sicherer Distanz kennenzulernen. Personen mit sozialen

Ängsten können so nach Hilfe fragen, ohne ihre Wohnung verlassen zu müssen.

Es braucht Vertrauen, um seine Herzscheiße einem anderen zu erzählen. Einem*einer Pastor*in sein Leid anzuvertrauen ist relativ sicher – weil das Gegenüber dem Schweigegebot unterliegt. Was geschrieben oder gesprochen wird, bleibt unter uns.

Für mich kommen bei der Seelsorge im Netz zwei Leidenschaften zusammen: das Chatten und die Seelsorge. Als Pastor*innen begleiten wir Menschen von Anfang bis Ende. Wir sind dabei, wenn Eltern ihre Kinder taufen lassen und so dem Schutz Gottes anvertrauen. Und wir stehen am Grab, wenn Menschen »auf ihrem letzten Weg« begleitet werden. Bei Hochzeitsgottesdiensten erbitten wir den Segen für ein Paar, das sich traut, zukünftig gemeinsam unterwegs zu sein.

Wenn ich mit jemandem in einem vertraulichen Seelsorgegespräch zusammensitze, dann steht da immer noch »ein dritter Stuhl« im Raum. Gott ist präsent, auch wenn es im Gespräch nur am Rande oder auch gar nicht um Glaubensfragen geht. Und bei Seelsorge in den sozialen Medien kann man sagen: Zwischen den Zeilen schreibt immer ein Dritter mit.

Als persönliche Wegweiser können wir auch im Internet nach oben zeigen. Und wir können von der Liebe Gottes erzählen, die überall Empfang hat. Denn Gott ist der einzige Liebes-Provider mit Flatrate ohne monatliche Kosten. Die Möglichkeiten, die das Internet bietet, sind so bunt wie eine Mandarinente. Und die sozialen Medien stellen alte Erfolgs- und Denkmuster auf den Kopf. Jede*r kann sich eine Form aussuchen, die zu einem selbst passt.

Egal, was dein Ding im Internet ist: Es gibt für alles die passende Plattform. Du kannst Videos aufnehmen, Kurztexte schreiben, Bilder mit deinen Worten kombinieren oder lehrreiche Tutorials machen. Während Videos und Tutorials auf Youtube geschaut werden, eignet sich Instagram für Bilder und Twitter für Kurztexte. Was du thematisierst, liegt dann ganz bei dir. Was immer dein Herz tanzen lässt, das lädt andere zum Mittanzen ein. Egal ob Stricken, Skateboarden oder Pfannkuchen wenden: Der Effekt ist dabei in zwei Richtungen positiv. Einerseits findest du eine neue Community, und diese Gemeinschaft kann stärken. Du lernst neue Leute kennen, kannst dich mit ihnen austauschen und wirst zu neuen Ideen inspiriert. Bei Problemen bekommst du Hilfe, und gemeinsam entstehen neue Lösungsvorschläge, auf die du alleine nicht gekommen wärst. Wir lernen hier im Viertel viel über das Leben unserer Mitmenschen, weil wir ihre Beiträge lesen und ihre Storys angucken. Wir bekommen Einblicke in ihren Alltag geschenkt, und wenn wir uns auf der Straße treffen, haben wir gleich ein Gesprächsthema. Andererseits nimmst du ganz natürlich Einfluss auf die Leute um dich herum.

Viele Menschen nutzen soziale Medien, um ihr eigenes Leben als schön gefärbte rosarote Barbie-Plastikwelt zur Schau zu stellen. Mit unterschiedlichen Filtern kann jede*r Urlaubsfotos auf Hochglanz polieren und Perfektion vorgaukeln. Wir nutzen diese Plattformen hingegen, um von der Schönheit des Unperfekten zu erzählen. Denn: Du musst nicht perfekt sein, um geliebt zu werden. In Gottes Augen bist du genau so, wie du bist, liebenswert. Diese göttliche Liebesbotschaft bricht mit den klassischen Denk- und Fühlgewohnheiten der meisten Leute. Und es wäre fahrlässig, diese Botschaft nur in Kirchen zu teilen.

Seitdem ich eine eigene Waschmaschine habe, bin ich großer Fan von Waschzungen. So nenne ich diese Schildchen, auf denen die Hersteller der Klamotten Waschhinweise geben. Denn jeder Pullover und jedes Hemd scheinen nach einer anderen geheimen Rezeptur hergestellt zu werden. Wenn die Waschzunge noch dran ist, schaue ich jedes Mal wieder nach, wie ich das Kleidungsstück waschen soll, damit es nicht einläuft. Das ist mir zum Glück noch nicht passiert, weil ich mich immer brav an diesen mitwaschbaren Beipackzettel halte. In anderen Fällen, wenn der Zettel fehlt, wird es schwierig. Es gibt aber glücklicherweise auch Leute, die den benötigten Waschgang und die richtige Temperatur ohne Hilfszettel erkennen können. Solche Personen zu kennen ist besonders wichtig, wenn man Klamotten gebraucht kauft, so wie ich. Denn so kann ich mir flott mit einem Videoanruf Rat holen.

Was am Internet so unpraktisch ist: Es kommt ohne Waschzunge. Der einzige Weg, um herauszufinden, was du dort falsch machen kannst, ist, es auszuprobieren. Keine Frage, es gibt auch schlechte Einflüsse und Gefahren im Internet. Und manches sollte man lieber lassen. Wie bei der Waschmaschine lohnt es sich, in wichtigen Fällen vorab rechtzeitig jemanden um Rat zu fragen, der sich damit auskennt.

Ich habe auf meinen ersten Streifzügen durch die sozialen Medien schnell gecheckt, dass mir die größte Chance auch am meisten auf den Keks geht: Es gibt im Netz einfach viele Menschen und Meinungen. Und wenn ich den Schritt in die Öffentlichkeit gehe, haben auf einmal unzählige Personen eine Meinung zu meinem Leben. Im besten Fall kann das verbinden und bestärken. Aber im Worst Case kann es auch wehtun.

Ich erinnere mich noch, wie erschrocken ich von dem ersten Hass-Kommentar war, den ich bekommen habe: »Halt dein Kirchenmaul, du hässlicher Schwulenfreund.« Zum Glück habe ich seit meiner Grundschule einen Schutzschild vor meinem Herzen, und da kommen nur diejenigen durch, die von mir einen »Passierschein A-38« bekommen. Auf den Kommentar habe ich damals geantwortet: »Sanfte Grüße, Mitmensch, darf ich fragen, was es für Extreme gibt? Ich muss mit dem Reden weitermachen, weil ich dafür bezahlt werde. Und ich kann dir verraten, dass bei meiner Hässlichkeit auch keine Beauty-Tutorials helfen. Und by the way: Mit Schwulen befreundet zu sein, ist für mich ein Gütesiegel.«

Der Hass im Internet reicht von absurd bis strafbar. In den sozialen Medien gibt es viele Filter, die das Hochladen bestimmter Fotos verhindern. Aber die Wut mancher Leute können wir völlig ungefiltert abbekommen. Und es gibt keinen Weg, um das im Vorhinein zu verhindern. Aber es gibt Mittel, um damit umzugehen.

Mir hilft dabei ein Zitat von Goethe: »Wer mich nicht liebt, der darf mich auch nicht beurteilen.« Das hilft mir beim Rauszoomen. Dadurch wird das Bild, das ich betrachte, wieder größer, und Details verlieren an Bedeutung.

Eine Person kann so wütend sein, wie sie will, aber wenn sie mich nicht mal kennt, dann bin ich auch nicht der Anlass für all ihren Hass. Mit an Sicherheit grenzender Wahrscheinlichkeit war die Person schon vorher wütend, und ich bin nur ein Stellvertreter für denjenigen, an dem die Person eigentlich ihren Zorn loswerden will.

Was das angeht, erinnern mich manche Menschen trotz ihres hohen Alters stark an Dennis und seine Jungs aus meiner

Grundschulzeit. Ihr Hass kommt schnell hoch, was sie machen, tut weh, aber es verändert nichts. Denn hassend können wir nur etwas kaputt machen. Und ich war nie ein Fan von »mach kaputt, was dich kaputt macht«, sondern ich stimme für »bau auf, was dich aufbaut«.

Dabei braucht es immer einen, der anfängt aufzubauen. Das Geile an der göttlichen Liebesbotschaft ist: Gott hat angefangen. Gott ist der größte Anfänger der Welt. Mit ihm fängt ein Leben an, in dem wir uns die Liebe nicht mehr erarbeiten müssen. Wir bekommen sie geschenkt. Unsere Aufgabe ist es nur noch, das weiterzusagen. Und die göttliche Liebesbotschaft weiterzutragen. Ich will dafür arbeiten, dass diese Botschaft an die Öffentlichkeit kommt.

*

Damals, als Jesus mit ihnen in Galiläa unterwegs war, sind die Jünger von Dorf zu Dorf gegangen. Heute ziehe ich dafür von App zu App, weil dort echtes Leben stattfindet. Viele Menschen surfen nicht einfach nur gelegentlich aus Langeweile oder mit einem bestimmten Informationsbedürfnis durchs Internet. Sondern das Online-Sein ist ein natürlicher Teil ihres Lebens geworden. Viele unterscheiden im Alltag nicht mehr zwischen analog und digital. Sie finden dort Gemeinschaft, Lebenshilfe und Inspiration. Deshalb ist es an der Zeit, dass wir als Kirche neue Formen finden, um auch das digitale Leben mitzugestalten.

Mit dem kirchlichen Schritt ins Digitale werden aber auch die Schwächen der analogen Kirche offensichtlich. Seit dem Beginn des Mittelalters bewerben wir unsere Gottesdienste, indem wir in hohen Türmen Glocken läuten. Gerne wäre ich dabei, wenn jemand heutzutage in einem Meeting vorschlagen würde, diese Form der Einladung auszuprobieren. Ich stelle mir vor, wie die Chefin in die Runde fragt: »Wie wollen wir die Veranstaltung bewerben?« Es meldet sich ein junger Kollege und sagt: »Ähm, wir könnten neben der Konzerthalle einen hohen Turm errichten, und dann lassen wir aus Blei riesige Glocken gießen. Eine halbe Stunde vor Veranstaltungsbeginn lassen wir die bimmeln. Wenn rein zufällig jemand in der Nähe ist und das hört, guckt der bestimmt mal rein.« Die Kosten des Kirchturms: Eine Million Euro. Die Kosten der Kirchenglocken: 150 000 Euro. Der Blick der Chefin: unbezahlbar. Es gibt Dinge, die kann man nicht kaufen, für alles andere gibt es Werbung.

Auch die Orgeln stehen schon seit dem Mittelalter in unseren Kirchen. Musik ist mehr als nur eine Geschmacksfrage. Musik kann unsere Gedanken und Gefühle gleichzeitig ansprechen und uns tief bewegen. Oder eben auch nicht. Wenn ich zu Hause feiere, dann lege ich jedenfalls keine Orgelmusik auf.

In den meisten Gottesdiensten gibt es auch seit ungefähr dreihundert Jahren die immer gleichen Regeln dafür, wie und wann die Besucher sich beteiligen können. Die Gemeinde »darf« mitsingen und nach einem nur Eingeweihten bekannten Plan aufstehen und sich wieder hinsetzen.

Auch an der Sprache in den Gottesdiensten hat sich in den letzten zweihundert Jahren nur unwesentlich etwas getan, während die Alltagssprache sich ganz enorm geupdated hat.

Hinzu kommt: Viele Aktive in der Kirche trauen den althergebrachten Formen mehr zu als den Veränderungswünschen der Beteiligten. Leider gibt es in der Kirche keine automatischen Updates, wie es jede Computer-Software ungefragt anbietet. Veränderung ist in der Kirche noch gute, alte Handarbeit.

*

In unserem Stadtteil läuft der erste Kontakt von Menschen zur Kirche meistens über die sozialen Medien. Seit dem ersten Arbeitstag haben wir mit den passenden Hashtags über unseren Profilen eine Hand ausgestreckt. Plattformen wie Instagram verkürzen die Wege zwischen uns und den Leuten, die wir einladen wollen. Auf unseren Kanälen konnten sie dabei sein, als wir unsere Buden eingerichtet haben. Sie konnten mitverfolgen, wie wir mit zwei Kästen Bier den Kirchenvorstand begrüßten. Und sie konnten mit abstimmen, als wir unsere digitalen Angebote und Gottesdienste entwickelt haben.

Durch soziale Medien kennen die Leute nicht nur unsere Namen, sondern sie können miterleben, wie Max und ich uns verhalten und was uns ausmacht. Das ist unsere Herangehensweise, um Hemmschwellen abzubauen und Berührungsängste zu nehmen. Weil wir auch offen von den Momenten erzählen, in denen wir versagen, gibt das allen die Freiheit, so zu sein, wie sie sind. Dadurch erleben die Leute, dass wir hier anders »Amen« sagen.

Auf Instagram lernen uns die Leute aus dem Stadtteil kennen und wir sie. Wir erfahren von den alltäglichen Problemen, wissen, was abgeht, und bekommen hilfreiche Tipps. Nur meine Frage nach dem besten Pizza-Lieferservice war nicht von Erfolg gekrönt, denn die jeweiligen Geschmäcker gehen doch stark auseinander. Am Ende habe ich für jeden der acht Pizzaläden am Ort von jemandem eine Empfehlung bekommen. Unsere Lieblingspizzeria finde ich übrigens ein paar Tage später ganz aus Versehen. Beim Rückweg von einem Trauergespräch macht plötzlich mein Handyakku schlapp, und ich verlaufe mich astrein. Auf dem Hinweg sahen alle Straßen irgendwie anders aus. Ich gucke zum Himmel und frage mich, wie wohl der Survival-Experte Bear Grylls jetzt anhand des Sonnenstandes navigieren würde. Aber ich muss mir eingestehen: Die Wolken von Bremerhaven machen diese Taktik unbrauchbar. Kurz darauf komme ich unerwartet an einer Pizzeria vorbei. Schnurstracks gehe ich hinein und frage nach dem Weg. Und wenn ich schon mal da bin, bestelle ich mir eine Pizza für unterwegs. »Cowabunga, ist die cremig«, denke ich, als ich zwei Ecken weiter wieder an einer bekannten Straße ankomme. Mittlerweile haben Max und ich schon so oft bei dieser Pizzeria bestellt, dass unser Küster mich vor Kurzem fragte, ob ich wüsste, welche Großfamilie heimlich ihre Pizzakartons bei uns im Altpapier entsorgen würde. Ich antwortete grinsend: »Tja, das klingt ganz klar nach einem Fall für ›Die drei ???‹.«

*

In eine Kirche zu gehen, ohne jemanden zu kennen, kostet Mut. Das habe ich selbst mehrfach erlebt. Zur Recherche für meine Examensarbeit habe ich verschiedene Gottesdienste besucht. Und jedes Mal, wenn ich vor einer neuen Kirche stand, hatte ich plötzlich Bammel. Denn ich wusste nicht, ob ich gleich schräg angeguckt werde. Ob ich mit meinen kaputten Jeans und den alten Sneakers willkommen bin. Dann habe ich einmal tief eingeatmet und bin rein. In einer der

Kirchen, die ich damals besucht habe, ließen mich die Gottesdienstbesucher einfach links liegen. Bis auf manche abschätzigen Blicke haben sie mich ignoriert. Bei einem anderen Gottesdienst begrüßten mich ein paar Anwesende sofort herzlich. Sie zeigten mir alles, und bevor der Gottesdienst losging, kannte ich schon drei Leute mit Namen.

*

Niemand soll sich bei uns in der Kirche so fühlen, wie wir uns früher oft gefühlt haben, wenn wir irgendwo einen Gottesdienst besucht haben. Wir sagen deutlich: Du bist willkommen, so wie du bist. Genau dieses Signal senden wir über die sozialen Medien. Über das Smartphone bekommen die Menschen diese Message direkt in die Wohnungen. Kirche kommt nach Hause. Und das führt dazu, dass Leute sich wieder in den Gottesdienst trauen. Einige, die wir in den vergangenen Monaten begrüßt haben, waren vorher Jahre und Jahrzehnte nicht mehr in einer Kirche. Einige haben uns gesagt, sie hätten ein »neues Zuhause« gefunden. Krass. Ein Geschenk.

Unsere Zuhausekirche ist ein Neustart. Sie bietet eine neue Heimat für die Ungehörten mit Sehnsucht. Für diejenigen, die so unvollkommen sind wie wir. Im Englischen gibt es ein Sprichwort: Life is not about me, it's about we. Bedeutet: Im Leben geht es nicht um mich, sondern um uns. Und für diese Gemeinschaft brauchen die Leute, die an unserem Gemeindeleben teilnehmen möchten, nicht mal das Haus zu verlassen. Durch das Internet haben wir einen liebevollen Lieferdienst und bringen die Kirche nach Hause. Dadurch wird unsere digitale Kirche größer als die Grenzen unseres Viertels.

Jeden Sonntag treffen sich mittlerweile deutschlandweit Personen in unseren Online-Gottesdiensten. Einfach den Laptop auf den Couchtisch, Teelicht angezündet, und der Gottesdienst kann beginnen. Im Chat können sie sich auch bedenkenlos während des Gottesdienstes unterhalten. Eine digitale Kirche hat keine örtlichen Grenzen. Jede*r kann sich eine Gemeinde suchen, die zu einem selbst passt, und es ist egal, wo sie ist.

Das ist ein notwendiger Schritt, denn das Konzept der Kirche als Ortsgemeinde ist aus unserer Sicht nicht mehr zukunftsfähig. Weil es an Finanzen und Personal fehlt, werden derzeit viele Kirchengemeinden zusammengelegt. Dabei wird jedoch die bisherige Idee von Gemeinde vor Ort nur auf die nächstgrößere, regionale Ebene gehoben. Natürlich funktioniert beispielsweise ein Senior*innenkreis nicht mehr wie gewohnt, wenn die Teilnehmer*innen dazu mehrere Kilometer weit anreisen müssen. Sehr vieles hat bislang über persönliche Beziehungen und Nähe funktioniert, weil sich die Leute an der Eisdiele oder beim Einkaufen treffen und dann auch für die Kirchengemeinde verabreden. Für viele Gemeinden heißt der notwendige Schritt derzeit »Fusion« – und das neue Gebilde, das aus zwei oder mehr Gemeinden besteht, hat einen Durchmesser von 20 Kilometern. Und die Pfarrer*innen können nicht mehr einfach vor Ort ihre Kontakte knüpfen, müssen mit langen Fahrtzeiten rechnen und sollen überall Geld einsparen. Das kostet viel Kraft. Und keine*r hat Bock, einfach nur den Untergang zu verwalten. Fakt ist: Die Zahl der Kirchenmitglieder geht weiter deutlich zurück, Gemeinden schrumpfen. Und irgendwann sind Schließungen unvermeidlich. Wir werden viel Gewohntes und Geschätztes aufgeben müssen. Zahlreiche

Kirchengebäude werden in Zukunft verkauft werden müssen. Und das tut weh. Emotionale Verletzungen lassen sich kaum vermeiden, auch wenn versucht wird, diese zu begrenzen. Wenn Menschen ihre kirchliche Heimat verlieren, ist dies immer ein heftiger Einschnitt. Trotzdem muss das Notwendige passieren. Die Vermeidung von Veränderungsschmerzen darf nicht der Hauptantrieb bei der Gestaltung der Zukunft sein. Stattdessen können wir gemeinsam lernen, Ängste und Traurigkeiten auszuhalten. Und es ist gut, Zeit und Aufmerksamkeit vor allem auf Menschen zu richten statt auf den Erhalt von Gebäuden. Wir brauchen eine Zukunftsvision, die motiviert und inspiriert. Und nur, wenn wir solche Perspektiven gemeinsam entwickeln, können wir nach vorne gehen.

*

Ich bin begeistert von der Idee, Kirche größer zu denken als die Ortsgemeinde. In einer Region könnte es beispielsweise mehrere *Kirchenstationen* geben, die auch an unterschiedlichen Orten aktiv sind. Jede hat eine klare Funktion: Seelsorge, unterschiedliche Gottesdienstgestaltung, ein Team für Jugendarbeit oder Aktionen für ältere Menschen. Je nachdem, was die Gegebenheiten gerade erfordern.

Beispielsweise könnten Teams aus Pastor*innen, Musiker*innen und Ehrenamtlichen jede Woche verschiedene Gottesdienste planen und damit durch Kirchen in der Region touren.

Eine ersten Schritt für eine Kirchenstation für Jugendarbeit haben wir hier in der Region bereits gemacht. Denn in unserer Gemeinde haben wir aktuell nur drei Konfirmand*innen. Obwohl die Arbeit mit Jugendlichen uns voll am Herzen liegt, gibt es deshalb bei uns in der Kirche keine Jugendarbeit. Stattdessen gehen die drei zu den Konfi-Nachmittagen unserer Nachbargemeinde. Denn dort gibt es viele coole Teamer*innen und einen Haufen anderer Konfis. Wir wissen, dass sie dort eine viel aufregendere Zeit haben, als wir ihnen bieten könnten. Deshalb kommen wir nur für ausgewählte Aktionen dazu, statt mit den dreien hier in der Gemeinde unser eigenes Süppchen zu kochen.

Genau das ist einer der Vorteile der Kirchenstationen: Wir können Aufgaben verteilen und uns spezialisieren. Das entlastet, weil wir nicht mehr kirchliche Alleskönner*innen sein müssen. Die Zeit der Einzelkämpfer*innen ist vorbei, Teamplay ist angesagt. Zusammen können wir alte Strukturen aufbrechen, um unterschiedliche Teile der Gesellschaft anzusprechen. Denn die meisten Ortsgemeinden bestehen mittlerweile aus Personen der Mittelschicht – und bieten fast nur Angebote für diese Gruppe gebildeter Menschen. Andere bleiben weg, es passt einfach nicht. Regionale Kirchenstationen können für die kirchliche Arbeit wie eine Neustarttaste funktionieren. Jede Kirchenstation spricht im Idealfall eine spezielle Bevölkerungsgruppe an: Kinder und Jugendliche, junge Familien, Senior*innen, Rockmusik-Fans oder Freund*innen klassischer Orgelkonzerte. Künstler-Typen, Arbeiter*innen oder Akademiker*innen. Damit verabschieden wir uns endlich von der Einstellung, dass wir nur mit denjenigen weitermachen, die noch zu uns kommen. Stattdessen stellt sich immer wieder neu die Frage: »Was können wir mit einer bestimmten Gruppe von Menschen zusammen machen?« So entstehen vielfältige Profile, die einladend sind für unterschiedliche Personen. Auch die Kanäle, über die wir mit Menschen in Kontakt kommen, verändern sich. Ich habe sogar schon Hochzeitsanfragen über Instagram bekommen. Also keine Heiratsanträge, sondern die Bitte, ein Paar zu verheiraten. Einige legen dafür sogar Hunderte Kilometer zurück. Besonders die Taufanfragen berühren mich. Denn oft lese ich Sätze wie: »Wir wünschen uns schon lange, dass unser Kind getauft wird. Aber wir passen irgendwie nicht zu der Kirche hier bei uns. Bei euch fühlt es sich aber richtig an.«

*

An uns wurde auch herangetragen, dass viele Leute in unserem Viertel abends einsam sind, dass sie traurig darüber sind, allein am Esstisch zu sitzen. Dafür haben wir ein Online-Angebot geschaffen. Gemeinschaft. Ganz einfach und unkompliziert. Alle, die online mit dabei sein wollen, stellen sich ihr Lieblingsabendbrot zusammen, und wir essen gemeinsam vor unseren Zoom-Kameras. Am Anfang des Treffens zündet Max drei Kerzen an und begrüßt alle mit einer lustigen Anekdote, es geht um die Bedeutung von Essen in der Bibel. Es ist schön, ins Gespräch zu kommen. Zum Abschluss sprechen wir ein Gebet und Max den Segen. Vivi begleitet den Abend am Klavier. Die ganze Aktion nennen wir: »Abendbrot im Jesus-Style.«

Die digitale Kirche ist mehr als nur ein Hobby der neuen Generation. Sie ist notwendiger Bestandteil der Zukunft unserer Kirche. Und diese Zukunft ist bunt und chancenreich. Wir probieren vieles einfach mal aus. Und wir sind jedes Mal gespannt, was der liebe Gott daraus macht. Durch die sozialen Medien sind wir Pastoren zum Anfassen oder besser zum

Anklicken geworden. Und wir sind nicht nur für die Leute im Stadtteil da. Sondern wir sind für alle, die es wollen, eine Zuhausekirche.

*

Mit dem frisch Verlassenen, der die Scherben seiner Beziehung und seines Persos in Händen hielt, habe ich mich auf die Suche gemacht, wie es weitergehen kann. Erst einmal habe ich nur zugehört, was er zu erzählen hatte. Dann habe ich ihn gefragt, ob er selbst eine Idee hat, was ihm guttun würde. Nach kurzem Überlegen kam er auf den Gedanken, erst einmal bei einem Kumpel zu fragen, ob er für ein paar Tage bei ihm wohnen kann. Und er hat sich vorgenommen, sich nicht für den zerschnittenen Perso zu rächen, damit kein Rache-Karussell in Gang gesetzt wird, das sich dann immer weiterdreht. Zwei gute Ideen, wie ich finde. Dass ich ihm zugehört habe und ihn in seiner Idee bestärken konnte, hat ihm gutgetan.

8. ANECKEN

Chris & Max // »Eure Andacht ist mal was Neues, aber das Ende müssen wir streichen. Da seid ihr zu weit gegangen.« Das hören wir beide, nachdem wir die erste gemeinsame Andacht gehalten haben. Wir sind mal wieder angeeckt. Nicht nur mit unseren Ideen, sondern mit einer gemeinsamen Aktion. Während der Vikariats-Zeit, die jeder aus unserem Jahrgang in einer anderen Gemeinde verbringt, gibt es durchaus auch immer wieder kleinere Aufgaben, die in Teams erfüllt werden müssen. Ein bisschen so wie im Trimagischen Turnier bei Harry Potter, nur ohne Drachen. Die Aufgaben dienen dazu, dass wir in einem sicheren Rahmen etwas Neues ausprobieren können. Dabei bearbeiten wir Vikar*innen die Aufgaben zuerst alleine und diskutieren hinterher mit den Kolleg*innen und der Studienleitung unsere Ergebnisse. Manchmal verlassen wir auch den sicheren Rahmen und probieren die Ergebnisse in echt, also in der großen weiten Welt aus. Zugegebenermaßen ist die Gruppe von Menschen, die sich für die geistigen Auswüchse von Vikar*innen interessiert, verhältnismäßig klein.

Unsere Aufgabe lautet: »Verfassen Sie eine Andacht für die Fastenzeit.« Wir können uns aussuchen, ob wir die Andacht als Text, als Tonaufnahme oder als Video gestalten wollen. Das Videoformat wird uns als die größte Herausforderung vorgestellt – damals ist es tatsächlich noch neu, selbst

124

einen kleinen Film zu drehen. Deshalb entscheiden wir uns dafür. Denn durch Herausforderungen lernen wir am meisten. So ist es auch dieses Mal, und wir machen uns flott ans Werk. Unsere Idee ist es, eine kurzes Video aufzunehmen, in dem wir uns gegenseitig die großen Fragen des Lebens stellen. Das Vorbild dafür ist ein Element der »Late Show« mit Stephen Colbert, die in Amerika läuft. Den Titel »Big Questions with even bigger Stars« – »Große Fragen an noch größere Stars« finden wir verlockend. Natürlich sind wir keine Stars, erst recht keine besonders großen. Aber die großen Fragen haben wir. Nachdem wir unser erstes Skript erstellt haben, beginnt die Bearbeitungsmühle. »Wollen wir wirklich ›verkackt‹ sagen?« Solche und andere Fragen treiben uns und die Freund*innen, die uns begleiten, um. Dazu kommen technische Schwierigkeiten. Wir wollen im Video eigentlich auf einer Wiese liegen und in den Himmel gucken. Das geht aber wegen der Akustik und des Kamerateams nicht. Schon bald ist von der ursprünglichen Idee nur noch wenig übrig. Aber das Filmchen wird fertig.

Nach zwei Tagen Bearbeitungszeit sitzen wir mit unseren Kolleg*innen, den Dozent*innen und der Studienleitung im altehrwürdigen Predigerseminar in Loccum zusammen. Nacheinander stellt jede*r die Ergebnisse vor. Texte werden vorgelesen, Audioaufnahmen angehört und Filme angesehen. Es geht ein bisschen zu wie auf einer Kleinkunstbühne. Alle sind begeistert, was innerhalb kurzer Zeit entstanden ist. Dann kommt unser Video.

Verrückte Ideen kennen die Kolleg*innen von uns beiden schon zur Genüge. Aber für die Studienleitung und für die Dozent*innen ist unser Stil etwas Neues. Das spüren wir bereits direkt im Anschluss an die Vorführung. Am Abend werden wir zu einem Gespräch gebeten, in dem uns eröffnet wird, dass sie unsere Idee klasse finden. Echt innovativ, das Video, mit den kurzen Fragen und knackigen Antworten. So was hatten sie noch nicht gesehen. Es ist die Rede davon, dass unser Video sogar auf dem Youtube-Kanal der Landeskirche gepostet werden soll. Dann kommt das »Aber«: Unsere Formulierung am Ende geht gar nicht:

»Du Pinky?«

»Ja, Brain?«

»Denkst du auch dasselbe wie ich?«

»Ja, Gott ist die geilste Sau der Welt.

Eine richtig coole Socke.«

Die »geilste Sau« ist ein No-Go, das geht auf keinen Fall! Wir tauschen Argumente für und wider aus und finden es zugegebenermaßen lustig, dass unseretwegen sieben studierte Kirchenleute über »die geilste Sau der Welt« diskutieren. Während der Debatte müssen wir uns hin und wieder ein Grinsen verkneifen. Unsere Argumente sind, dass wir grundsätzlich eine verständliche Sprache nutzen. Und »geile Sau« ist in unserem Sprachgebrauch ein Kompliment. Ein Begriff, bei dem niemand an ein lüsternes weibliches Schwein denkt.

Am Ende wird das Video gekürzt. Gott ist nur noch eine coole Socke, was für unsere Vorgesetzten am Rande des guten Geschmacks liegt, aber noch okay ist. Die Kürzung wurmt uns einen Abend lang. Heute können wir mit einem Lächeln auf diese Episode zurückschauen.

*

So wie unserem Video geht es mit vielen innovativen Ideen in der Kirche: Sie laufen zu früh durch zu viele Mühlen. Und damit sind wir wieder beim Urban Gardening. Wenn du ein Gemüsebeet auf dem Balkon anlegen willst, dann brauchst du verschiedene Samen. Denn nur daraus können neue Pflanzen wachsen. Erst wenn die Ernte ansteht und du etwas backen willst, dann ist es sinnvoll, die Körner zu sortieren und dann die Mühle herauszuholen.

Natürlich wollten wir mit der ganzen Nummer auch Grenzen austesten. Denn Innovation ist ganz oft nichts anderes, als eine Grenze zu überschreiten. Im sicheren Mittelfeld passiert selten etwas Spannendes. Anzuecken ist Teil jeder Veränderung. Nur traut sich die Kirche das viel zu selten. Oft lautet das Motto: »Lieber keine Risiken eingehen und auf Sicherheit spielen.« Eben aus dem gemütlichen Mittelfeld heraus. Wenn sich eine Fußballmannschaft rings um die Mittellinie des Feldes den Ball zupasst, hat sie zwar meistens Ballbesitz – aber Tore werden nur selten aus dem Mittelfeld geschossen. Dafür ist der Sturm deutlich besser geeignet.

Natürlich kann auch keine Mannschaft nur aus Stürmer*innen bestehen. Es braucht alle Teile des Teams, damit das Spiel funktioniert.

*

Einfach nur Anecken als Selbstzweck bringt gar nichts. Gemeinsam versuchen wir, geschickt kontrovers und nicht einfach aus Prinzip »dagegen« zu sein.

Aber manchmal juckt es uns einfach auch, mit alten Traditionen zu brechen. Ein gutes Beispiel dafür sind die Mützen, die wir in der Kirche tragen. Evangelisch-lutherische

Pastoren tragen im Gottesdienst normalerweise keine Kopfbedeckung. Aber für uns gehört die Cap zum Outfit dazu. Seit unserer Schulzeit ist es auch fast überall in Deutschland kein rebellischer Akt mehr, eine Cap im geschlossenen Raum zu tragen. In der Kirche sieht das aber noch anders aus. Zugegeben, es gibt tatsächlich eine Bibelstelle, die sagt, dass der Mann beim Gebet sein Haupt nicht zu bedecken habe. Für alle Nachschlage-Mäuschen ist das zu finden im 1. Korintherbrief, Kapitel 11 Vers 4. Gleich im nächsten Vers kommt der Hinweis: Die Frau hat dagegen ihr Haupt beim Beten zu verhüllen. Daran halten sich nur noch sehr konservative Gemeinden, in der Evangelischen Kirche ist dies nicht üblich. Gut so.

Jedes Regel-Zitat gehört in den Kontext seiner Zeit.

In Sachen Mütze hören wir häufig:»Das macht man halt nicht.« Ein Argument, so stichhaltig wie ein Gummiwurm. Aber trotzdem in Kirchen sehr beliebt. Und wenn der Hauptgrund für etwas nur noch lautet:»Das war schon immer so«, dann ist es unserer Meinung nach Zeit für eine positive Irritation. Weil wir finden, es geht gar nicht, wenn Leute sagen: »Das geht gar nicht.«

Trotzdem haben wir bisher die meiste Kritik für das Tragen der Cap im Gottesdienst bekommen. Mindestens einmal pro Woche ruft jemand an oder schreibt einen Brief, in dem dann ungefähr steht:»Ich finde es ja ziemlich hip, was ihr da macht, aber eine Cappy im Gottesdienst geht gar nicht.« Einmal ist sogar eine Person extra angereist, um unseren Gottesdienst zu besuchen. Sie hatte von uns gelesen. Und obwohl ihr schon nicht gefallen hat, was sie gelesen hat, besuchte sie uns. Entsprechend hat sie auch den Gottesdienst selber sichtlich nicht genossen. Danach hat sie Chris mit lauter Stimme versucht zu erklären, wie »unwürdig« es ist, eine Cap im

Gottesdienst zu tragen. Ein Urteil, das uns in der Formulierung neu war. Zumindest war uns bis dahin unbekannt, dass die Würde eines Menschen an der Kopfbedeckung hängt.

Wir haben nichts gegen Kritik und hören gerne zu. Nur so können wir uns weiterentwickeln. Aber den Satz »Du trägst die falschen Klamotten und kannst deswegen nicht dazugehören« hätten wir in unserer Kirche nicht erwartet.

So einen Satz hatten wir als Grundschulkinder das letzte Mal gehört. Nie hätten wir gedacht, dass ihn eine Rentnerin noch mal für uns aufwärmt. Besonders weil dieser Satz, genau wie eine drei Tage alte Pizza, auch aufgewärmt nicht besser schmeckt. Apropos »schmecken«: Mehr steckt nicht hinter dem Vorwurf. Es ist ein Geschmacksurteil.

In jedem Brief und in jedem Telefonat, in dem es um die Cap im Gottesdienst geht, werden wir aufgrund von persönlichen Geschmäckern kritisiert. Witzigerweise waren die bunten Haare von Max dabei noch nie ein Thema. Piercings und Tattoos sind auch kein Ding. Max hat vor unserem Dienstbeginn ganz bewusst einige seiner Piercings herausgenommen und wochenlang überlegt, ob er sich nun die Haare weiterhin färben soll oder nicht. Farbe in den Haaren hat Max schon seit dem Studium. Allerdings hat er sich im Vikariat mit der Farbauswahl bedeckt gehalten. Besonders vor den Prüfungen hat er sich ganz bewusst für eine dezente Haarfarbe entschieden, um nur mit Inhalten und nicht mit seiner Frisur anzuecken. Erst als er das zweite Examen in der Tasche hat, überlegt er sich, die Haare wieder knallig bunt zu färben. Max' Vater – in solchen modischen Fragen sein größter Kritiker – ist von der Idee gar nicht begeistert. Max hingegen findet, dass Lila als Kirchenfarbe perfekt zum Dienstbeginn passt.

Im Gemeindealltag stören bunte Haare nicht. Aber es gibt Momente, in denen es unpassend sein kann. Gemeinsam überlegen wir, was es für einen Eindruck machen könnte, wenn ein Pastor mit lila Haaren eine Beerdigung hält. Daran könnten sich Leute stören. Denn wenn es ganz um die Trauer gehen soll, sollte das Outfit nicht ablenken. Chris hat es mit seinen Tattoos da einfacher. Da reicht ein langes Shirt, um die Frage nach »Stört – oder stört nicht« quasi im Handumdrehen vom Tisch zu bekommen. Bunte Haare hingegen lassen sich nur mit einer Mütze verdecken, die dann wiederum je nach Style Thema wäre. Trotzdem fällt die Entscheidung für die lila Haare. Denn Max will so bunt, wie er ist, Pastor sein.

*

In unserer ersten Dienstwoche haben wir direkt vier Beerdigungen. Max ist etwas nervös. Jetzt kommt die Probe aufs Exempel, denn es wird sich zeigen, wie die Menschen reagieren. Als letztes Sicherheitsnetz haben wir uns überlegt, dass Chris im Zweifelsfall die Beerdigung übernehmen muss, wenn es im Vorfeld Bedenken der Angehörigen gäbe. Der erste Satz, den Max in seinem ersten Trauergespräch zu hören bekommt, lautet: »Sie haben aber eine ungewöhnliche Haarfarbe für einen Pastor.«

Normalerweise ist die Standardreaktion von Max in solchen Momenten, mit einer Gegenfrage zu antworten: »Was ist denn eine gewöhnliche Pastoren-Haarfarbe?« Aber im Trauergespräch ist das natürlich nicht angebracht. Stattdessen sagt Max: »Meine Haarfarbe ist gar nicht so wichtig. Jetzt geht es um euch und eure verstorbene Mutter.« Und tatsächlich sind seine Haare bei diesem Gespräch kein Thema mehr. Erst nachdem alles besprochen ist, kommt die Tochter noch einmal darauf zurück. Sie sagt zum Abschied: »Wissen Sie was: Ich finde es richtig gut, dass so junge Typen wie Sie mit bunten Haaren jetzt für die Kirche arbeiten. Und ich glaube, meiner Mutter hätte das auch gefallen.«

*

Es gibt leider im kirchlichen Raum viele Leute, die schnell und hart beurteilen. Als kleines Experiment empfehlen wir: Als Besucher*in einfach mal zehn Minuten zu spät in einen Gottesdienst zu gehen. Von Willkommenskultur ist dann oft wenig zu spüren, abfällige Blicke sind hingegen die Regel. Ein gutes Offenheits-Barometer: Wie herzlich heißen wir Menschen willkommen, auch wenn sie zu spät kommen?

Wir glauben nicht, dass Gott irgendwen verurteilt, weil er oder sie zu spät kommt oder die falschen Klamotten trägt. »Sorry, du hattest eine Cap beim Beten auf, also bleibt dein Gebet leider unerhört.« Das würde Gott nie sagen.

Immer wieder kommen Besucher*innen mit Jogginganzügen in unseren Gemeinde-Gottesdienst. Denn der Jogginganzug ist schon lange nicht mehr das Kleidungsstück, das nur zum Sport getragen wird. Und auch gilt schon lange nicht mehr, was Karl Lagerfeld einst sagte: »Wer eine Jogginghose trägt, hat die Kontrolle über sein Leben verloren.« Wir haben bei uns im Viertel gelernt, dass es drei Arten von Jogginganzügen gibt. Den einen, der nur zu Hause getragen wird, den anderen, der ganz klassisch für den Sport da ist, und den »Ausgeh-Jogger«. Dieser Ausgeh-Jogginganzug ist für viele im Viertel die gute Klamotte. Und es ist mittlerweile selbst in hochklassigen Boutiquen so, dass die Verkäufer*innen niemanden in Sportkleidung abweisen. Da kann sich Karl so oft wie er will im Grabe umdrehen.

Dass der Jogginganzug zur guten Garderobe gehören kann, ist uns auch bei einer Beerdigung deutlich geworden. Bei dieser Trauerfeier trug einer der Angehörigen einen Jogginganzug. Und das keineswegs als Provokation, sondern als gutes Outfit. Einen richtig schicken, schwarzen Jogger mit einem goldenen Streifen über den Seitennähten. Nur das Oberteil hat verraten, dass es sich um einen Jogginganzug handelte. Die Hose hätte auch eine etwas zu weite Anzughose sein können. Vorher beim Trauergespräch hatte Max gesagt: »Zieht das an, was ihr für den Anlass als passend empfindet.« Und genau das hat der Trauernde gemacht. Sein guter Jogginganzug war für ihn die angemessene Kleidung bei diesem Abschied. Und darum hat sich bei der Trauerfeier auch niemand darüber beschwert. Genauso verhält es sich bei uns im Gottesdienst. Die erste Person, die mit Jogginganzug in den Gottesdienst gekommen ist, hat niemand schräg von der Seite angeguckt. Wir haben mit ihm sogar ein Beweis-Selfie nach dem Gottesdienst gemacht. Und wir haben ihm damals versprochen: »Sollten wir jemals ein Buch schreiben, werden wir von dir erzählen.«

Unserer Meinung nach geht es in der Gesellschaft viel zu oft um Äußerlichkeiten: Wie du rumläufst. Wie du aussiehst. Wir haben die Schnauze voll von derartigen Beurteilungen. Kirche soll kein Museum mit seltsamen Regeln sein, sondern ein Zuhause für alle. Und daran arbeiten wir.

Wer bei uns in die Kirche kommt, sieht als Erstes die Kinderecke. Direkt neben dem Eingang liegt ein Spielteppich mit

Malbüchern und Spielzeug. Kinder und Familien sind in besonderer Weise willkommen. Deshalb sagen wir vor jedem Gottesdienst: »Da vorne ist unsere Spielecke, dort dürfen alle Kinder spielen. Und wenn den großen Kindern während der Predigt langweilig wird, dürft auch ihr da gerne spielen.«

Spielende Kinder sind laut. Das gehört zum Leben dazu. Bei uns wird dafür niemand angeranzt, weil unsere Gottesdienste lebendig und laut sind. Es soll Spaß machen, dabei zu sein. Dass es Drinks im Gottesdienst gibt, ist bei uns normal. Direkt neben dem Eingang steht eine gemischte Kiste Fritz-Kola. An ihr klebt ein Zettel, auf dem steht: »Wir laden dich ein. Prost.« Weil sich einige Besucher*innen aber nicht trauen, ihr Getränk auch mit in die Kirche zu nehmen, sagen wir vor jedem Gottesdienst: »Am Eingang gibt es Getränke, da dürft ihr euch bedienen, auch während des Gottesdienstes. Und wenn ihr zu viel getrunken habt, die Toiletten sind links den Gang runter.«

Unsere Begrüßung klingt fast genauso wie damals während des Studiums bei den WG-Partys. Nur dass wir jetzt in unserer Kirche feiern. In Gottes Wohnzimmer statt in der Gemeinschaftsküche.

*

Wir haben uns darauf eingestellt, dass wir für die Inhalte unserer Arbeit viel mehr Kritik bekommen würden. In jedem Gottesdienst, den Max feiert, fällt mindestens ein Kraftausdruck. Vornehmlich »Scheiße«. Es passiert einfach, weil Max auch sonst so spricht. Und auch Chris nimmt weder in der Kirche noch in der Kneipe ein Blatt vor den Mund. Natürlich kann eine so direkte und derbe Sprache auch irritieren, besonders im Gottesdienst. Aber wir fragen uns, warum ein Schimpfwort manche dann doch mehr verwirrt, als wenn wir in der Kirche Latein oder Altgriechisch sprechen. Schimpfwörter hören wir im Alltag überall. Tote Sprachen – wie der Name schon sagt – nie. Das einzige Mal, dass Max außerhalb der Kirche Latein gehört hat, war bei einer Uni-Veranstaltung. Ein Professor hielt eine Lobrede auf seinen Nachfolger – und zwar komplett auf Latein. Das war in einem der ersten Semester von Max, und er war verständlicherweise maximal verwirrt. Erst Jahre später hat er erfahren, dass diese lateinische Rede ein intellektueller Diss war. Der Vorgänger mochte seinen Nachfolger nicht – und musste trotzdem eine Lobrede halten, darum tat er es auf Latein. Wir beide fordern uns immer wieder gegenseitig dazu auf, so wenig »Kirchensprech« wie möglich zu nutzen. Für Kirchgänger*innen, die eher den klassischen Gottesdienst lieben, ist das manchmal irritierend. Aber für viele andere deswegen genau richtig. Das merken wir daran, dass eines der häufigsten Komplimente, die wir nach dem Gottesdienst zu hören bekommen, lautet: »Bei euch habe ich endlich mal verstanden, was ihr sagt.« Und dieses nicht nur von Leuten, die zum ersten Mal da sind, sondern auch von solchen, die regelmäßig Gottesdienste mitfeiern.

Wir laden in die Emmaus-Gemeinde besonders Menschen ein, die schlechte Erfahrungen mit Kirche gemacht haben. Oder solche, die sich ausgeschlossen fühlen. Und für diese Haltung ist Jesus unser Vorbild. Denn genau das hat er vorgelebt. Jesus ist nicht nur zu den Leuten gegangen, die gesellschaftlich anerkannt waren. Er ist zu den Außenseiter*innen gegangen – zu den Kranken, Verstoßenen und Sexarbeiter*innen. Eben zu denen, die nicht in die Gesellschaft hineinpassten. Und all das war zu der Zeit, in der Jesus lebte, noch ein härteres Ausschlusskriterium als heute. Chronisch krank zu sein war damals gleichbedeutend mit dem sozialen Tod. Niemand sprach mehr mit dir, und niemand wollte überhaupt noch Kontakt haben. Aber Jesus hat genau diese Außenseiter*innen mit offenen Armen empfangen. Er ist zu denen gegangen, die eben nicht alles so gemacht haben, wie es sich gehört. Sondern stattdessen zu Menschen, die genau das nicht wollten oder nicht konnten. Diejenigen, die nicht nur am Rande der Gesellschaft standen, sondern bewusst ausgeschlossen worden waren. Jesus hat sie wieder in die Gesellschaft zurückgeholt.

Nun können und wollen wir nicht behaupten, dass wir wie Jesus handeln und ausgestoßene Menschen wieder in die Gesellschaft zurückführen. Aber zumindest für die Kirche arbeiten wir daran. Denn leider ist Kirche häufig zu einem exklusiven Klub geworden.

*

Ein Sprichwort lautet: »Wer nichts macht, macht nichts verkehrt.« Unser Eindruck ist, dass Kirche beim Thema Erneuerung oft genau nach dieser Vorgabe handelt. Oder eben gerade nicht handelt. Natürlich trifft das nicht auf alle zu, die im kirchlichen Bereich beschäftigt sind. Viele sind superengagiert und manche auch total innovativ unterwegs. Trotzdem ist der Vorwurf nicht unbegründet. Und das liegt in der Regel daran, dass die Leute Angst davor haben, irgendwie oder irgendwo anzuecken. Und diese Angst führt wiederum zu einem Stillstand.

Die amerikanischen Ureinwohner*innen aus dem Stamm der Dakota haben ein Sprichwort für solche Situationen: »Wenn du ein totes Pferd reitest, dann ist es an der Zeit umzusatteln.« Hierbei ist nicht die Kirche das tote Pferd, sondern der Wunsch, nur beim Altbewährten zu bleiben. Wir wollen Mut machen, das Gegenteil zu tun.

Dafür muss nicht immer alles radikal anders sein. Hauptsache, es passiert irgendwas, das nicht nur business as usual ist. Denn ganz oft entwickeln sich durch das Anecken neue Formen und Ideen, die so vorher gar nicht denkbar waren. Ein schönes Beispiel dafür ist, dass wir in unserer Gemeinde Kollar statt Talar tragen. Den Talar, also das große schwarze Batman-Kleid für Pastor*innen, nutzen wir nicht mehr im Gottesdienst. Nur wenn wir eine Taufe, Beerdigung oder Hochzeiten feiern, dann kommt das klassische Gewand zum Einsatz. Anders geht es auch nicht, so sind die Regeln für Amtshandlungen.

Im normalen Gottesdienst tragen wir den Kollar, also den kleinen weißen Schnipsel im Kragen. Und der ist auch erst auf den zweiten Blick zu erkennen, denn ansonsten tragen wir Alltagsklamotten. Was bei uns entweder Kapuzenpulli oder Holzfällerhemd bedeutet, gerne auch in Kombination mit einer löchrigen Jeans. Für unsere Gemeinde ist das passend. Der Talar würde wieder einen deutlichen Unterscheid zwischen uns Pastoren und dem Rest der Gemeinde machen. Nach dem Motto: »Wir sind hier die studierten Akademiker, die beim Gottesdienst auch ihr dazu passendes Gewand tragen.«

Wir finden, dass unser normales Outfit außerdem einfach besser zu uns passt. Zu unserer Art zu sprechen, uns zu bewegen, uns mitzuteilen. Klar können wir uns beide auch in Kreisen von Akademiker*innen bewegen. Nach Jahren des Studiums wäre es auch traurig, wenn dem nicht so wäre. Aber das würde hier dazu führen, dass uns dann unsere Gemeindemitglieder angucken wie Autos.

*

Es gibt eine Gruppe in unserer Gemeinde, die es total doof findet, dass ihre Pastoren nicht mehr als etwas Besonderes zu erkennen sind. Die sich also genau das wünschen, was wir hinderlich finden. Wir haben im Gottesdienst erklärt, warum wir den Talar zu Hause lassen. Als diesen Leuten klar wurde, dass wir den Talar dauerhaft weglassen, haben sie sich beschwert. Nach jedem Gottesdienst kam eine von den Damen zu Chris und hat ein neues Argument für den Talar vorgetragen. »Der Talar sieht doch so schön aus.« Oder: »Die Kirche hat Ihnen den Talar doch extra geschenkt.« Und natürlich: »Ohne Talar sind Sie doch kein richtiger Pastor.«

Chris ist im Gespräch liebevoll, aber in der Sache hart geblieben. Er hat jedes Argument entkräftet und unsere Position erklärt. Warum die Damen Max darauf nie angesprochen haben, als sie bei Chris nicht weiterkamen, bleibt uns ein Rätsel – stattdessen haben sie eine Weile lang den Küster bearbeitet. Er solle uns doch überreden, wieder Talar zu tragen.

Es war also Zeit für einen Kompromiss. Hierbei bedeutet ein Kompromiss nicht, dass eine Seite komplett einknickt. Eine Übereinkunft, mit der beide Seiten möglichst zufrieden sein können, das ist das Ziel. Das lässt sich nur erreichen, wenn beide Seiten zuerst ihre Position klarmachen und sich dann auf die Suche nach einem Mittelweg machen.

Unser Kompromiss sieht so aus, dass wir zwei verschiedene Gottesdienste feiern. Alle zwei Wochen gibt es zwei Gottesdienste in unserer Gemeinde. Vormittags den Klassiker mit Talar und Orgelmusik. Nachmittags unseren Zuhausekirche-Gottesdienst mit der Soulband. Dann tragen wir Kollar. Und tatsächlich sind jetzt beide Gruppen zufrieden.

Als Max den ersten Gottesdienst wieder mit Talar gefeiert hat, haben sich die Damen danach so überschwänglich bei ihm bedankt, dass er erst gar nicht damit umzugehen wusste. Eine der Damen hatte wirklich Tränen in den Augen, weil sie sich so gefreut hat, ihren Pastor endlich wieder im Talar zu sehen. Und seitdem dieser Kompromiss gefunden ist, beschwert sich auch niemand mehr, dass wir in den Nachmittagsgottesdiensten Alltagsklamotten tragen. Durch das gemeinsame Aushandeln konnten wir diese Lösung finden.

Nichts von dem, was wir anstoßen, ist in Stein gemeißelt. Wir befinden uns mit der Gemeinde gemeinsam auf dem Weg. Im Laufe der Zeit probieren wir, einige neue Ideen umzusetzen, behalten aber immer auch die Wünsche der Gemeinde im Blick. Nur eben nicht so, dass dabei nur die kleine Gruppe gehört wird, die schon immer da war. Diese scheut sich in der Regel nicht, ihre Meinung sofort und deutlich auszusprechen, und übertönt damit andere Stimmen, was schade ist.

Die anderen, die vorher nicht in unserer Gemeinde waren, hätten wir nie zu Gesicht bekommen, wenn wir nichts ausprobiert hätten. Und sie hätten ohne all die Neuerungen vermutlich auch nie einen Schritt in unsere Gemeinde getan. Erst durch das gemeinsame Ausprobieren, Anecken und aufeinander reagieren haben wir alle miteinander einen Weg gefunden.

Der Versuch, alle Interessen irgendwie unter einen Hut zu bekommen, muss scheitern. Wer so was anfängt, bekommt am Ende einen Einheitsbrei, der niemandem mehr schmeckt. Und eines ist klar: Von den gut 2000 Gemeindemitgliedern werden niemals alle mit allem zufrieden sein. Warum sollte die Kirche also diesem unerreichbaren Ideal hinterherlaufen, anstatt einfach zu sagen: »Wir machen unterschiedliche Angebote, auch wenn wir damit anecken.«

*

Vielfalt ist belebend. Gerade ein Kirchenkreis, in dem alle Kirchen in einer Stadt oder einer Region versammelt sind, hätte in dieser Hinsicht viele Möglichkeiten. Allein in Bremerhaven gibt es jeden Sonntag elf Gottesdienste. Davon beginnen neun morgens um zehn Uhr. Natürlich bringt jede*r Kolleg*in ihr jeweils eigenes Element mit ein. Aber am Ende sind diese Gottesdienste doch sehr vergleichbar. Für diejenigen, die sich ein anderes Gottesdienst-Format (beispielsweise mit modernen Liedern) oder nur eine andere Uhrzeit wünschen, gibt es dagegen nur zwei Angebote pro Sonntag. Und damit steht unser Kirchenkreis noch verhältnismäßig gut da. In anderen deutschen Städten bleibt die Suche nach einer alternativen Gottesdienst-Uhrzeit erfolglos. Von anderen Formaten ganz zu schweigen. Es ist eine vergebene Chance, wenn alle dasselbe anbieten, anstatt sich deutlicher zu positionieren.

Kirche braucht unterschiedliche Angebote, die zu den jeweiligen Menschen in den Dörfern und Städten passen. Dazu muss sie neben traditionellen Wegen auch neue gehen – und es in Kauf nehmen, damit anzuecken.

Dass wir mittlerweile über unsere Gemeinde hinaus bekannt sind, liegt daran, dass wir immer wieder irgendwie auffallen. Angefangen hat unser professionelles Anecken mit einem Zeitungsartikel. Dass Pastor*innen zum Dienstbeginn einmal mit der lokalen Presse sprechen und dann ein kurzer Artikel über sie erscheint, ist normal. Aber als die Presse da war, fuhren wir mit unseren Boards ein paar Runden in der Kirche. So entstand das erste Bild von einer ganzen Reihe, die uns beide skatend im Gotteshaus zeigt. Das Statement war klar: Wir machen hier einiges neu und anders. Und dafür brechen wir auch gerne mal mit Sehgewohnheiten und Konventionen.

Kurz nach dem ersten Artikel kam ein Radioreporter auf uns zu. Und noch ein paar Wochen später auch eine Journalistin vom Regionalfernsehen. Wie wir mit solchen Presseanfragen umgehen sollen, hat uns in der Ausbildung niemand beigebracht. Also haben wir einfach alle angenommen. Auch als eine Anfrage von der Deutschen Presse-Agentur dpa kam, haben wir zugesagt. Max war dabei nicht klar, was das Kürzel »dpa« bedeutet. Darum war er ziemlich überrascht, als der Artikel deutschlandweit veröffentlicht wurde. Das Foto von uns beiden auf den Skateboards wurde von jeder Menge Zeitungen gedruckt: von Ostfriesland bis zum Schwarzwald und sogar in der Zeitung mit den vier großen Buchstaben und den bunten Bildern.

9. LA-OLA IN SCHOTTLAND

Chris & Max // Dudelsäcke spielen. Ein Mann in kariertem Rock, offensichtlich stark betrunken, tanzt dazu mit nacktem Oberkörper auf dem Rand eines Brunnens. In der Mitte des Brunnens steht ein Obelisk, und ganz oben auf dessen Spitze thront ein Einhorn aus weißem Marmor. Das Gesicht des Mannes ist blau geschminkt, ein weißes X, das den kriegerischen Eindruck verstärkt, hat seinen Mittelpunkt auf der Nasenspitze. Es ist jedenfalls das beste Braveheart-Cosplay, das wir bisher gesehen haben. Na gut, es war auch bislang das einzige. Wir sind in Schottland. Genauer gesagt in Edinburgh. Edinburgh wird ausgesprochen wie Edding, ohne den letzten Buchstaben, das *h*, zu betonen. Stattdessen wird ein lässiges »Bra«, wie bei Bratwurst, eingefügt. Je länger und gerollter das *r* gesprochen wird, desto schottischer klingt die Aussprache.

In Edinburgh also sind wir eine Woche lang, zusammen mit unserem Vikariatskurs. Das Ganze nennt sich »Kursfahrt«. Das ist so was wie eine Klassenfahrt, in diesem Fall für Vikar*innen.

Schottland war für Max ein Traumziel. Denn er ist ein großer Harry-Potter-Fan und lässt sich seit einiger Zeit fast jede Nacht via iPhone die Bücher von Rufus Beck vorlesen. Einen Großteil der Harry-Potter-Bände hat Joanne K. Rowling in Edinburgh geschrieben.

Weil unser Kurs von Max' Vorliebe für die Buchreihe weiß, machen wir direkt am ersten Tag eine Stadtführung zu diesem Thema. Diese beginnt mit den Handabdrücken von Rowling, die im Innenhof des Rathauses in einem Betonblock verewigt und mit goldener Farbe ausgemalt worden sind. Unser Guide klappert danach mit uns alle Orte ab, von denen die Autorin des Mega-Bestsellers nachweislich für ihr Buch inspiriert wurde. Max vermutet, dass der Rundgang absichtlich gleich am ersten Tag der Kursfahrt gemacht wird, damit er alle anderen nicht ununterbrochen weiter mit Harry-Potter-Funfacts nervt. Sonst hätte er dem Kurs ohne Frage so spannende Details erzählt wie, dass das Grab des schottischen Dichters William McGonagall (der als Namenspate für die Lehrerin McGonagall diente) und auch das von Tom Riddle beide auf einem Friedhof in Edinburgh zu finden sind. Passenderweise endet unsere Führung genau dort. Und Max muss neidlos anerkennen, dass die Führung des Schotten deutlich witziger war als seine Funfacts. Dafür kann er wenigstens ein Selfie vor dem »Grab von Sirius Black« machen. Dabei handelt es sich allerdings nicht um ein richtiges Grab, sondern um ein später hinzugefügtes Graffiti auf der Friedhofsmauer, die zur Greyfriars Church gehört. Diese Kirche rühmt sich auch damit, dass Joanne K. Rowling hier für ihr berühmtes Werk inspiriert worden ist. Das tut die Kirche genauso wie fast jeder zweite Platz in Edinburgh. Die Einheimischen nervt das teilweise so sehr, dass an einigen Lokalen auch Schilder hängen wie: »Joanne K. Rowling was definitely never here« – »… sie war ganz sicher niemals hier.«

Der eigentliche Grund dafür, dass wir ausgerechnet Edinburgh besuchen, ist natürlich nicht in erster Linie Harry

Potter. Wir interessieren uns vor allem für die dort ansässigen Kirchen. Nicht weil sie besonders hübsch anzusehen sind, sondern weil sie beeindruckende Arbeit leisten. Und das in einem stark »entkirchlichten« Umfeld.

*

Eine der Kirchen, deren Arbeit uns besonders beeindruckt, ist die Greyfriars Church. Eine sehr lebendige Gemeinde, in der sich viele Menschen mit ihren Begabungen einbringen. Und manches, was wir in der Kirche entdecken, notieren wir uns gleich als Idee für zu Hause. Beispielsweise, wie hier Spenden gesammelt werden.

Nach dem Besuch der Kirche können die Besucher*innen für die Kirche spenden. Das ist nicht neu. Interessant ist aber, dass die Spenden nicht in einen klassischen Opferstock gelegt werden. Opferstock – ein Wort, das ungefähr so modern ist wie die meisten dieser Dinger. In Deutschland handelt es sich dabei oft um eine sehr alte, verschließbare Blechbüchse, aufgespießt auf einem Tischbein in der dunkelsten Ecke der Kirche.

In der Greyfriars Church steht gut sichtbar am Ausgang eine schicke Plexiglassäule. An dieser können Kirchenbesucher sowohl Bargeld einwerfen als auch mit Kreditkarte, PayPal oder ApplePay spenden. Letzteres tun auch mehrere von unseren Kolleg*innen, nur um es auszuprobieren. Digital spenden zu können ist in Schottland seit Jahren gängige Praxis. In Deutschland wird der digitale Klingelbeutel erst Jahre später als große Innovation präsentiert.

Häufig finden sich in schottischen Kirchen auch richtig gemütliche Cafés, betrieben von ehrenamtlichen Mitarbeiter*-

innen. Alle, die möchten, bekommen für wenig Geld ein warmes Getränk oder ein Stück Kuchen. Und wer wenig oder nichts hat, bekommt gerne einen Kaffee und etwas zu essen umsonst. »Geht auf's Haus«, sagt die nette Bedienung zu einem älteren Herrn, den sie offensichtlich schon länger kennt. Menschen einzuladen können sich die Gemeinden auch deshalb leisten, weil viele andere Gäste mehr Geld für ihr Getränk bezahlen, als verlangt wird. Solche Kirchen-Cafés haben oft sieben Tage die Woche offen und sind beliebte Treffpunkte. Die Kuchen und Muffins, die von Gemeindemitgliedern gebacken und serviert werden, schmecken hervorragend. Das können wir bestätigen. Ja, »Liebe geht durch den Magen« – und die Liebe, mit der hier die Menschen aus der Kirchengemeinde am Machen sind, lässt sich mit Händen greifen.

Greyfriars Church hat auch eine eigene, komplett ausgestattete Holzwerkstatt, die sich über mehrere Räume erstreckt. Stolz erzählt uns der Schreiner, dass er schon vielen Kids, die sonst auf der Straße gelandet wären, helfen konnte, einen festen Job in einer anderen Schreinerei zu bekommen. Er hat sie professionell aufs Arbeitsleben vorbereitet, auch indem er ihnen ein neues Selbstvertrauen gegeben hat.

Als die Kirche ihre Bänke durch Stühle ersetzt hat, hat ein ortsansässiger Schreinermeister den Pfarrer darauf angesprochen, ob es denn nicht Sinn machen würde, die alten Bänke in einer eigenen kleinen Werkstatt aufzumöbeln, um sie dann weiterzuverkaufen. Aus den alten Brettern ist auch ein Tresen für das Café entstanden. Und die kleine Werkstatt hat sich mit der Zeit zu einem Handwerksbetrieb entwickelt, in dem Menschen, die in einer schwierigen Situation stecken, Arbeit finden.

Wir sind begeistert, nachdem wir uns das alles angesehen und mit den Mitarbeiter*innen gesprochen haben. Aber die Frage bleibt: Ist der Pastor bei all den Projekten, die er zu betreuen hat, nicht total überarbeitet? Deshalb fragen wir den Kollegen Enid Watkins direkt: »Wie viel musst du für all diese Projekte tun?« Seine Antwort überrascht: »Eigentlich nicht sehr viel. Meine Aufgabe ist es vor allem, die Mitarbeiterinnen und Mitarbeiter zu begleiten und für das, was sie tun, gute Worte zu finden.«

Watkins wirkt tatsächlich völlig entspannt. Aber dann gibt er doch zu, dass er manchmal deutlich mehr Kraft aufwenden muss. Und zwar immer dann, wenn er ein neues Projekt anstößt. Sobald das Projekt aber läuft, zieht sich Enid Watkins zurück. Ab diesem Zeitpunkt muss er wirklich nur noch sein Team motivieren, damit es weiterhin klappt. Das geht aber nur, weil er wirklich nichts mehr beiträgt, sobald ein Projekt angeschoben ist. Er hat das Vertrauen, dass die Projekte in seiner Gemeinde auch ohne ihn gut funktionieren.

Er muss auch nicht die ganze Zeit vor Ort sein und irgendetwas überwachen. Stattdessen geht er im Kirchen-Café etwas trinken und kommt mit den Menschen ins Gespräch. Bei einer leckeren Tasse Kaffee finden sich die netten Worte für die Ehrenamtlichen fast schon von selbst, sagt er.

*

Fast jede Gemeinde, die wir in Schottland besuchen, hat ein solches Projekt. Teilweise wurden die Aktionen von Pastor*innen initiiert, manchmal aber auch komplett durch Gemeindemitglieder angeschoben und umgesetzt. Allen gemeinsam ist aber, dass die Gemeinde sich um Menschen vor

Ort kümmert. Ganz egal, ob es sich dabei um gläubige Menschen handelt oder nicht. Natürlich liegt das auch daran, dass die Kirche in Schottland nicht den Luxus einer landesweit organisierten Diakonie hat, so wie es sie in Deutschland gibt.

Aber nur, weil wir Deutschen dieses Privileg genießen, sollten wir uns nicht darauf ausruhen. Denn wenn jede Gemeinde sich ganz konkret vor Ort für das Wohl ihrer Mitmenschen engagiert, schafft das einen wundervollen Zusammenhalt. Die einen freuen sich, dass sie etwas Gutes tun können. Und alle anderen drum herum sind froh, dass die Kirche ihnen hilft. Selbst wenn sie die Hilfe nicht für sich selbst in Anspruch nehmen, sind sie stolz auf ihre Gemeinde. So entsteht eine Gemeinschaft, die sich gegenseitig hilft. Und gerade das Beispiel von Pastor Watkins zeigt, dass dafür kein dauerhafter Mehraufwand für einige wenige erwächst. Es braucht vor allem die Bereitschaft aller, einen kleinen Teil beizutragen.

Uns beide fasziniert das, weil wir von einer Kirche träumen, die genau so ist wie die Gemeinde in Edinburgh. Ein »Ermöglichungsraum«. Ein Ort, an dem Gemeinschaft entsteht, weil die Gemeindemitglieder sich verwirklichen können. Wo ohne großen Aufwand mit den vorhandenen Mitteln Projekte angestoßen werden, die dann aus sich selbst heraus weiter wachsen.

Selbstverständlich brauchen solche Projekte auch Planung, finanzielle Mittel und Geduld. Aber wir erleben in Schottland, wie einfach Ideen umgesetzt werden. Was mit den Jahren aus der Ideen eines engagierten Schreiners geworden ist, der es schade fand, dass die übrig gebliebenen Kirchenbänke einfach zum Sperrmüll gestellt werden sollten: Eine komplett eingerichtete Werkstatt, die für viele zum Sprungbrett in eine gute Zukunft wird.

*

Direkt am ersten Abend unserer Kursfahrt machen wir uns mit der traditionellen schottischen Küche vertraut. Die ist recht speziell – damit ist vor allem Haggis gemeint. Für alle Glücklichen, die nicht wissen, was das ist: Ein Schafsmagen, gefüllt mit Innereien. Die werden mit Zwiebeln und Hafermehl angereichert sowie mit Pfeffer gewürzt. Das Ganze wird dann entweder angebraten, als Wurst serviert oder wie in diesem Restaurant frittiert. Das Frittieren ist diesem Fall eine geschmackliche Hilfe, aber das gilt nicht für alle Gerichte, die auf die gleiche Weise zubereitet werden.

Das Planungsteam hat ein Restaurant ausgesucht, in dem es neben den lokalen Spezialitäten auch internationale Küche gibt, damit auch die Vegetarier*innen zufrieden sind. Wer kein Haggis essen möchte und auch keinen Burger mag, der bestellt sich eben einen Gemüseteller oder eine Pizza Margherita. Als die Gerichte serviert werden, gibt es lange Gesichter. Anscheinend wird hier wirklich alles frittiert. Der Fisch schwimmt in Fett, die Burger triefen nur so, und selbst die vegetarische Pizza, die Max für sich bestellt hat, ist frittiert worden.

Nach kulinarischen Besonderheiten, touristischen Highlights und theologischen Einblicken kommt der Sonntag in Edinburgh. Die Vorbereitungsgruppe hat im Vorfeld eine Liste mit allen Gottesdiensten zusammengestellt, die an diesem Sonntag angeboten werden. Und diese Liste ist mehrere

DIN-A4-Seiten lang. Edinburgh ist eine Großstadt mit einer halben Million Einwohner*innen, aber so viele Gottesdienste hat trotzdem niemand von uns erwartet. Die meisten Gemeinden bieten nicht nur einen oder zwei, sondern drei verschiedene Gottesdienste an. Die Auswahl fällt schwer. Deshalb veranstalten wir an diesem Tag ein kleines Gottesdienst-Hopping und ziehen allein oder in kleinen Gruppen durch die Stadt. Alle schaffen es, mindestens zwei verschiedene Gottesdienste zu besuchen. Max und ein anderer Kollege kommen am Ende des Tages sogar auf die stolze Zahl von vier Gottesdienstbesuchen. Eine solche Vielfalt gibt es in Deutschland nicht.

Zahlenmäßig sind wir also schon mal beeindruckt. Inhaltlich erleben wir Großartiges wie Befremdliches. Am schnellsten lässt sich vom Gottesdienst der Quäker berichten, den Max besucht. Die ersten 20 Minuten passiert nichts. Eine Gruppe von Menschen sitzt schweigend zusammen. Das gehört bei den Quäkern anscheinend zum Konzept. Die Hektik des Alltags wird durch einen langen stillen Moment unterbrochen. Das kann wohltuend sein. Für Max, der Hummeln im Hintern hat, ist das nichts. Er schleicht sich, nachdem er 20 Minuten geschwiegen und der Stille gelauscht hat, wieder raus.

Spannender sind die Gottesdienste der Ps & Gs, einer neu gegründeten Gemeinde. Sie ist aus der St. Paul's und St. Georg's Church entstanden. Daher die Abkürzung Ps & Gs. Allein optisch macht die Gemeinde einiges her. Zwar handelt es sich um eine alte Kirche, aber der Eingang ist komplett umgestaltet worden. So betritt man als Erstes einen sechseckigen Vorraum aus Glas, der auch als Hotellobby durchgehen würde – und ist total überrascht. Chris ist vormittags im Familiengottesdienst.

Im Gottesdienst sitzen zwei ältere Damen vor Chris. Beide haben sich im Kirchen-Café einen Latte macchiato geholt und mit an den Platz genommen. Bei der Bibellesung gibt es einen Mitmachteil. Jedes Mal, wenn das Wort »joy«, Freude, im Text vorkommt, soll eine La-Ola-Welle durch die Kirche gehen. Die Welle beginnt in der ersten Reihe. Als sie bei den Damen ankommt, springen sie auf, lachen und werfen jubelnd ihre Hände nach oben. Die Kaffeebecher verteilen ein wenig ihres Inhalt auf dem Boden. Chris ist für einen Moment sprachlos über diese Energie und die Begeisterung.

An die La-Ola-Welle und die älteren Damen erinnert er sich immer wieder gerne, wenn es in irgendwelchen kirchlichen Gremien hierzulande heißt: »Dabei wird eh nie jemand mitmachen. Das verstört die Alten. Die brauchen vor allem Ruhe und die bekannten Formen. So etwas Wildes passt nicht in die Kirche.« Für die siebzigjährigen Schottinnen trifft das alles nicht zu. Sie freuen sich an dem schönen Neuen und dem Schwung, mit dem die Menschen hier zusammen Gott feiern. Das erzählen sie Chris im Anschluss an den Gottesdienst beim dritten Latte. Mit ihrem Lachen überspringen sie alle Grenzen, die wir in den Köpfen haben. Ihr Beispiel zeigt: Es geht ja doch. Manchmal haben Engel keine Flügel, sondern einen Latte macchiato in der Hand.

Zum Kaffee müssen wir noch was sagen, auch wenn Chris lieber Tee trinkt. Gleich beim Betreten der Kirche begrüßt ein kleines Team alle Besucher*innen und bietet kostenlos Kaffee und Tee an. Max ist erstaunt: Das ist richtig guter Kaffee, frisch aus einem Vollautomaten. Nicht die Plörre, die es bei uns so oft gibt. Liebevoll als »Blümchenkaffee« umschrieben. Weil der Kaffee zu schwach ist, sind die Blumen am Bo-

den der Tasse zu sehen. Zumindest bei den klassischen ost-
friesischen Kaffeetassen mit Blümchendekor. Max hat den
Begriff passenderweise in seiner Vikariatskirche gelernt. Solchen »Blümchenkaffee« gibt es bei den Ps & Gs auf jeden Fall
nicht. Die Besucher*innen nehmen ihre leckeren Getränke
mit in den Gottesdienstraum und trinken sie am Platz.

Max besucht den Abendgottesdienst, der extra für die jüngeren Menschen gestaltet ist. Trotzdem sind auch hier die
Anwesenden altersmäßig gut gemischt. Seine Erkenntnis des
Tages: Ein Gottesdienst, der speziell für eine Zielgruppe gestaltet wird, kann am Ende also ein größeres Publikum erreichen als ein Gottesdienst, der versucht, es allen recht zu machen. Selbstredend werden auch in diesem Gottesdienst alle
persönlich begrüßt, und es gibt kostenlose Getränke. Am
Abend wirkt der Vorraum besonders einladend, denn vor
der Kirche sind Strahler so aufgestellt, dass es aussieht, als
würden die Besucher*innen durch ein Tor aus Licht eintre-
ten. Innen geht das Beleuchtungskonzept weiter.

Die dimmbaren Designerlampen an beiden Seiten und an
allen Pfeilern des Kirchenraumes könnten mit der Beleuch-
tung jedes topmodernen Kinosaals locker mithalten. Im Altarbereich sind Spotlights montiert. Nach der Begrüßung
spielt eine Band Worship-Musik. Die Liedtexte werden auf
Flachbildfernsehern angezeigt, die an den Säulen des Kir-
chenschiffes hängen. So können die Besucher*innen mitsingen oder auch zur Musik tanzen. Andere bleiben einfach still
sitzen. Ganz nach Lust und Laune.

Nach den Liedern kommt eine kurze Bibellese, dann die
Predigt. Die ist so spannend und informativ, dass viele mit-
schreiben. Gerade für Max, der gerne intellektuell predigt, ist
die Predigt sehr inspirierend. Weil sie in die Tiefe geht und

nicht nur oberflächlich Themen ankratzt, um bloß niemanden zu verschrecken. Und sie bleibt trotz der Tiefenbohrung noch verständlich.

Zum Abschluss des Gottesdienstes ist reichlich Raum für Gebete, die teilweise mit Musik unterlegt sind. Die Aufteilung in drei klar erkennbare Einheiten macht den Gottesdienst schon beim ersten Besuch nachvollziehbar – drei Blöcke: Worship, Bibellese und Predigt, Gebet. Für alles ist genug Zeit eingeplant. Raum zum Hören, zum Nachdenken und zur Stille – und zum Mitmachen. Kein ständiger Wechsel aus Text und Musik wie bei uns.

*

Ein paar Tage nach dem Gottesdienst treffen wir uns im Foyer der Kirche auf ein »Meet and Greet« mit Pastor Dave Richards und erfahren: Die Gemeinde feiert pro Sonntag drei Gottesdienste. Wir verstehen jetzt auch, weshalb der Pastor direkt im Anschluss keine Zeit hatte, unsere Studiengruppe zu empfangen.

Aus unserem Kurs sind wir beiden nicht die Einzigen, die von den Gottesdiensten begeistert sind. Vor allem stellen wir bei dem Austausch darüber fest, dass sich die Gottesdienste der Gemeinde in ihrer Form stark unterscheiden. Der Familiengottesdienst, in dem Chris war, hat eine ganz andere Aufteilung als die Worship-Feier, die Max besucht hat. Eine der ersten Fragen von uns an Pastor Richards ist daher: »Wie sind Sie darauf gekommen, so verschiedene Gottesdienste zu feiern?« Seine Antwort ist so simpel wie genial: »Du kannst nicht einfach einen Gottesdienst für alle machen. Wenn du das versuchst, wird niemand damit glücklich.«

Wer versucht, eine Suppe zu kochen, die sowohl Fleisch-
liebhaberinnen als auch Vegetariern schmeckt, wird niemanden glücklich machen, wenn er einfach Würstchen und
Tofu reintut. Wenn aber die Brühe geteilt wird und dem einen Teil Fleisch zugefügt wird und dem anderen Tofu, dann
können mit nur ein bisschen mehr Aufwand beide Gruppen
zufriedengestellt werden. Ähnlich ist Pastor Richards beim
Planen seiner Gottesdienstformen vorgegangen: An dem
Fundament hat er nichts verändert. Der Kern aller Gottesdienste ist gleich. Dass es Gebetszeiten, einen inhaltlichen
Impuls sowie Vaterunser und Segen gibt, versteht sich von
selbst. Der Rest wird variiert. Pastor Richards erzählt uns bei
Kaffee und Kuchen von den Fans der jeweiligen Gottes-
dienstformate, die untereinander sagen: »Wenn die anderen
erst länger dabei sind, dann kommen sie auch zum *richtigen*
Gottesdienst.«

Der »richtige« Gottesdienst ist für die einen der Klassiker
morgens um neun Uhr, für die anderen der Familiengottesdienst um elf. Und manche besuchen immer den Worship-
Gottesdienst am Abend. Was der »richtige« Gottesdienst ist,
hängt also davon ab, wen man fragt.

Wenn die Kirche jeden Sonntag denselben Gottesdienst
anbietet, braucht sich niemand zu wundern, warum nur ein
bestimmter Typ Mensch kommt und der Rest der Gemeinde
weitgehend außen vor bleibt.

Was wir hier erleben, zeigt uns, dass unser Traum von Kirche
möglich ist. Vieles von dem, was wir beide uns im Studium
überlegt haben und gerne umsetzen wollen, wird in Schottland schon gelebt. Natürlich auch aus einer Not heraus. Viele
Schotten haben sich schon vor Jahren von der Kirche abge-

wandt, und die Mitgliedszahlen dort sind geringer, als es die düstersten Prognosen für Deutschland vorhersagen. Was die Kirche in Schottland vor ihrem Untergang rettet, sind soziale Angebote für die Menschen direkt vor ihrer Nase und vielfältige Gottesdienstformen. Diese Kombination zeichnet alle Gemeinden aus, die wir besuchen. Mittlerweile ist in Schottland eine vielfältige Gottesdienst- und Gemeindelandschaft entstanden. Und darum ist die Kursfahrt auch ein Schlüsselmoment in unserem Vikariat: Wir erleben, dass unsere Träume funktionieren können!

*

Einen Tag später erleben wir ein weiteres Highlight: Wir besuchen Glasgow. Und nein: Die Stadt selbst ist nicht das Highlight, was alle, die je in Glasgow waren, wahrscheinlich auch gewundert hätte. Stattdessen besuchen wir dort eine Kirche, die in einer Gaststätte untergebracht ist. Ein absoluter Traum! Eine Kirche in einem Lokal unterzubringen ergibt einfach Sinn. Schließlich wird an einem Tresen mehr über Gott und die Welt gesprochen als auf vielen Kirchenbänken.

Die Gemeinde in Glasgow ist ein sogenannter »Churchplant«, also eine Neugründung. Für ihr kleines Kirchen-Pflänzchen hat sich die Gemeinde die schäbigste Kneipe in ihrem Viertel gekauft. Die Schankstätte hatte längere Zeit leer gestanden, unter anderem wegen Drogendealerei und Schießereien, die es dort früher gab. Die Gemeinde hat die Chance genutzt und das Gebäude für wenig Geld erworben und in relativ kurzer Zeit zu einem »Community Spot« umgestaltet.

Nicht nur die Kirche selbst führt hier Veranstaltungen durch, sondern alle Organisationen, die der Gemeinschaft im Stadtviertel dienen. Sie dürfen die Räume nutzen, egal, ob es dabei um einen Stillkurs für Mütter oder ein Hip-Hop-Projekt geht. Nur Alkohol und Drogen gibt es nicht mehr. Bei allem, was hier serviert wird, gilt: »Take what you want. Give what you can.« – »Nimm, was du willst. Gib, was du kannst.« Es gibt keine feste Preisliste für Getränke, sondern die Besucher dürfen sich auf Spendenbasis nehmen, was sie möchten. Den Namen der Kneipe, »The Charter«, hat die Gemeinde bewusst nicht geändert. Der Pastor vor Ort sagt uns: »Selbst wenn wir den Namen geändert hätten, würden die Leute die Kneipe immer noch bei dem Namen nennen, den sie all die Jahre gewohnt waren.«

Der Gemeinde ist es gelungen, aus einer verrufenen Klitsche was Positives zu machen. Und Max ist, seit wir dort waren, um ein Paradebeispiel reicher; denn sein großer Traum ist es, irgendwann nicht nur als Pastor in die Kneipe zu gehen, sondern als Pastor eine eigene Gastwirtschaft zu betreiben.

Abends gehen wir zum Feiern in einen Klub. Die Räumlichkeiten sind in einer entweihten Kirche untergebracht. Dort, wo früher der Altar stand, ist jetzt eine Bühne für Bands. Auf der Empore gibt es eine Cocktailbar mit Chillout-Lounge, in der noch viele alte Kirchenmöbel herumstehen. So sitzen wir auf Kirchenstühlen, genießen die Drinks und tanzen zu später Stunde in der Menge.

*

Der nächste Nachmittag bleibt uns besonders in Erinnerung: Wir haben mit unserem Kollegen Matze[1] gerade einen kleinen Lebensmittelladen gefunden, in dem wir zu Mittag essen und uns anschließend das erste Pint gönnen. Begeistert schwärmen wir davon, wie stark die Erlebnisse der letzten Tage genau unseren Träumen von Kirche entsprechen. Der Austausch hilft, denn er schärft die eigenen Gedanken und Ideen. Wenn eine Vision nur still im eigenen Kopf herumwabert, geht sie schnell wieder verloren. So beginnen wir damit, alles festzuhalten, was uns an kleineren und größeren Best-Practice-Beispielen aufgefallen ist, um es als Motivation für unsere zukünftige Arbeit zu nutzen. Max zückt sein Notizbuch und beginnt, die Eindrücke aufzuschreiben. Das Ergebnis nennen wir in gewohnter Bescheidenheit »How to geile Kirche«.

Heute ist diese Liste zu einem umfangreichen digitalen Dokument angewachsen, das wir immer weiter ergänzen, wenn uns gute Ideen über den Weg laufen. Das bierbefleckte Original hat Max immer noch in seinem Notizbuch.

Viele praktische Tipps, die sich in dem Dokument finden, haben wir mittlerweile in unserer Gemeinde umgesetzt. Zum Beispiel nutzen wir weiße Schrift auf schwarzem Hintergrund, wenn wir Lieder mit dem Beamer an die Kirchenwand projizieren. Dann hat die Schrift den stärksten Kontrast und erscheint ohne Rahmen auf der Wand. Auch solche vermeintlichen Kleinigkeiten haben wir aus Schottland mitgenommen.

---

1 Mathias Hartewieg ist ein gemeinsamer Freund von uns und liebt ausschweifende Fußnoten. Und weil er so ein guter Freund und zuverlässiger Korrekturleser ist, widmen wir ihm die einzige Fußnote in diesem Buch.

Viele Gemeinden in Schottland leisten sich mehrere Pastor*innen, die im Team zusammenarbeiten. Manche teilen sich dabei auch eine Stelle, so wie wir. Darüber, dass es in Deutschland noch viele Solo-Stellen in Kirchengemeinden gibt, sind viele erstaunt. Aber in Deutschland ist Teamarbeit gar nicht so einfach umsetzbar. Bevor Pastor*innen eine eigene Gemeinde bekommen, läuft ein längerer Vergabeprozess. Dieser gleicht einem Pokerspiel, nur dass es zusätzlich noch Würfel und Schachfiguren gibt. Die erste Stelle kann keine*r selbst auswählen. Die Kirchenleitung teilt sie zu. Aber die Neulinge können Wünsche äußern. Auch wir. Das sind sozusagen unsere Spielkarten. Hinzu kommt, dass nicht alle verfügbaren Stellen für »Pastoren auf Probe« (und das sind wir erst einmal nach dem Vikariat) zur Verfügung stehen. Deshalb braucht es, wie bei vielen Spielen, auch eine Portion Glück.

Und jetzt kommt's: Die kirchlichen Verwaltungsstrukturen gleichen einem Schachspiel, bei dem jeder Zug gut überlegt sein muss. Die Personalabteilung der Landeskirche tut aber ihr Bestes, um dieses recht komplexe Spiel zum bestmöglichen Ergebnis für alle Beteiligten zu bringen.

Als wir irgendwann an der Reihe sind, äußern wir also unsere Wünsche: »Wir wollen in eine Großstadt und wir wollen im Team arbeiten.«

Um den letzten Punkt besonders zu unterstreichen, gehen wir direkt zu zweit in unser erstes Personalgespräch. Die Geste sagt mehr als viele Worte. Dass Absolvent*innen zu zweit ins Gespräch gehen, ist nicht üblich, aber das passt ja bestens zu uns.

Nach diesem Gespräch hören wir über Monate nichts mehr von der Personalabteilung. Dann folgt die Einladung zu einem weiteren Gespräch. Weil unser Konzept so abgefahren ist und es eine Teamstelle in unserer Landeskirche bisher noch nicht gibt. Außer für verheiratete Paare, was aber auf uns beide nicht zutrifft. Die Wartezeit ist zermürbend. Während der ganzen Monate des Vergabeprozesses stärken wir uns gegenseitig, um nicht einzuknicken. Und wir haben auch Momente, in denen wir denken: »Ach komm, das wird gerade alles zu kompliziert, lass uns einfach jeder eine eigene Stelle nehmen, das ist für alle einfacher.« Die Angestellten der Personalabteilung versichern uns aber, dass sie unsere Idee spannend finden und nach einer passenden Stelle suchen. Damit kommen wir unserem Traum, unsere erste Stelle gemeinsam anzutreten, einen Schritt näher. Wenn du zu einem Abenteuer aufbrichst, ist es besser, zu zweit zu sein.

Heute sind wir dankbar, an der Idee festgehalten zu haben, denn dadurch finden wir nun vieles einfacher. Bei allen Herausforderungen, die es in unserer Gemeinde gibt, haben wir uns immer gegenseitig als Back-up. Schlechte Erfahrungen sind einfacher zu verkraften, wenn wir sie im Team besprechen können. Und natürlich hat auch jede*r besondere Stärken und Schwächen. Verwaltungsaufgaben bringen Max jedes Mal an die Grenzen seiner Strapazierfähigkeit. Chris kommt viel besser damit klar. Er dagegen profitiert besonders durch den Austausch mit Max. Denn als Pastor*in bist du ständig mit Meinungen anderer zu dir oder deiner Arbeit konfrontiert. Je mehr Personen mit dir arbeiten, desto mehr unterschiedliche Meinungen gibt es. Darin liegt durchaus eine Chance. Aber bei all den Vorschlägen gilt es, das Ziel im Blick zu behalten. In solchen Fällen hilft es Chris, sich über die eigene Vision mit Max auszutauschen. Zusammen ist es leichter, aus dem Mix an Optionen einen angemessenen Weg zu finden.

Die Schottlandreise hat uns vor Augen geführt, was alles möglich ist. »Das wird eh nicht funktionieren«, ist seitdem für uns kein Argument mehr. Wenn du einfach mal was ausprobierst, erlebst du Dinge, die du dir vorher nicht vorstellen konntest. Manchmal entsteht etwas, was dir niemand erklären kann. In Schottland haben wir erlebt, dass unsere Träume von Kirche nicht nur irgendwelche Spinnereien sind, sondern an anderer Stelle bereits mehr oder weniger gut funktionieren. Darum gehen wir mit offenen Augen, Ohren und Herzen durch die Welt. Halten Ausschau nach den Dingen, die uns faszinieren. Und wir nutzen diese Inspiration, um selber aktiv zu werden. Denn wenn du begeistert bist, wirst du andere begeistern.

10. WEG MIT DER FINGERDICKEN STAUBSCHICHT

Chris & Max // Es ist Frühling und der letzte Monat unseres Vikariats. Wir werfen unsere Klamotten in den Kofferraum des Polos, der erstaunlich schnell voll ist. Also muss der Rest auf die Rücksitze. Am Ende kommt obendrauf noch das Wichtigste: Flipchart-Papier und Eddings in allen Farben. Dann fahren wir los. *I came to start the party, 'cause I'm the party starter*, singt Bakermat. Chris hat ausgesucht.

Wir haben uns eine Woche freigenommen, um für die nächste Zeit zu planen. Denn jetzt steht fest, dass wir beide uns eine Stelle in Bremerhaven teilen werden. Für eine Woche haben wir uns in der Hütte eines Kumpels einquartiert. Sie liegt an einem Waldrand im Harz. Die Fotos, die wir dort machen, sehen aus wie Postkartenmotive, einfach idyllisch.

Unser Plan für die nächsten Tage ist einfach: Nach einer zünftigen Brotzeit wollen wir wandern gehen und unterwegs jeweils ein bestimmtes Thema besprechen. Zum Beispiel, wie wir die Gemeindearbeit am besten aufteilen, sodass jeder von uns seine besonderen Stärken ausspielen kann. Wenn wir nachmittags zurückkommen, wollen wir alles bei einem Radler zu Papier bringen. Und so machen wir es dann auch. Nach der Wanderung sitzen wir wie Kinder auf dem Hüttenboden. Nur dass wir keine Wachsmalstifte in der Hand haben, um damit zu malen, sondern Eddings, mit denen wir auf dem mitgebrachten Flipchart-Papier alles aufschreiben, was wir vormittags besprochen haben. Nachdem die beschriebenen Bögen vor uns liegen, können wir die Ideen gemeinsam sortieren.

Meistens übernimmt Max das Schreiben, weil er ein Kunst-Abitur gemacht hat. Stärken und so. Wenn die Köpfe leer sind, werden die Mägen gefüllt. Dazu feuern wir den Grill an und braten Würstchen oder Grillkäse. Später machen wir den Ofen im Wohnzimmer an. Mit einem Whisky im Glas, der uns an unsere Inspirationsquelle Schottland erinnert, schauen wir auf den Tag zurück und freuen uns darauf, endlich Pastoren zu werden. Nach zehn Jahren Studium und Vikariat haben sich eine Menge Gedanken angestaut. Es hilft uns, dass wir alles einmal in Ruhe durchgehen und eingehend prüfen, was für die Zukunft wichtig erscheint.

*

Der Wandertag, der die größten Auswirkungen auf unser Arbeiten hat, trägt die Überschrift »Challenges« – Herausforderungen. Bei dieser Wanderung überlegen wir, wie wir uns gegenseitig positiv herausfordern können. Chris hat die Route für den Tag geplant, und Max weiß nicht, wohin es geht. Zuerst gehen wir einen Weg durch Wiesen und Felder, dann in den Wald hinein. Nach einer halben Stunde erreichen wir die Gleise einer stillgelegten Bahnstrecke und folgen ihnen eine Weile. Der Waldboden wird immer sandiger, dann öffnet sich eine Lichtung vor uns, so groß wie zwei Fußballfelder. Am Rande der Lichtung geht es steil bergab. Wir folgen einem kleinen Pfad, der sich zwischen einigen größeren Felsen nach unten schlängelt, und erreichen den Grund der Senke. Der Boden ist hier von hellem Sand bedeckt, der vor uns im strahlenden Sonnenlicht flimmert. Nach und nach entdecken wir viele kleine Höhlen in den Felsen und an mehreren Stellen auch Mulden, in die wir uns legen können. Ein Strand mitten im Wald!

Chris packt zwei Überraschungsradler aus dem Rucksack. Wir stoßen an, heben anschließend die Flaschen zum Himmel und zwinkern dabei. Das machen wir immer so. Als Zeichen dafür, dass wir uns bei Gott bedanken. So liegen wir in einer Sandsteinmulde mitten im Wald und trinken mit Gott ein Radler. Und wir versprechen uns, immer ehrlich zu sein und uns nie zu schonen, um gegenseitig das Beste aus uns rauszuholen. Außerdem nehmen wir uns vor, unsere Beziehung einmal in der Woche »durchzuspülen«. Einander schonungslos offen zu erzählen, was uns beim anderen gerade auf den Sack geht. Denn uns ist durchaus bewusst, dass wir uns, wenn wir uns eine Pastorenstelle teilen, auch gegenseitig immer wieder nerven werden. Das lässt sich kaum vermeiden. Aber wenn wir alles rechtzeitig ansprechen, darin sind wir uns einig, kann es gelingen, eventuelle Konflikte zu lösen, bevor sie groß werden. Ein liebevoller Rat kann gleichzeitig aufdecken, was schiefläuft, und anspornen, es zukünftig besser zu machen.

Eine weitere Challenge lautet: Beschäftige dich jeden Monat mit etwas, das du noch nicht so gut kannst. Das tun wir, damit wir das Träumen nicht verlernen. Und damit wir es uns nicht zu schnell gemütlich machen und auf halbem Wege stehen bleiben, bevor wir unsere Ideen umgesetzt haben. Wir wollen vermeiden, dass wir uns auf bereits gemachten Erfolgen ausruhen. Und wir haben uns fest vorgenommen: Wir wollen neugierig bleiben!

Und wir wissen beide: Richtig effektiv sein können wir nur, wenn wir auch regelmäßig Pausen einlegen. Jeder Arbeitstag braucht seinen Feierabend. Man muss wissen, wann es genug ist. Denn wir haben jeder nur eine halbe Stelle und *könnten* immer noch mehr machen. Aber »könnte« ist eine Arschgeige. Klar könnten wir drei Monate lang alles geben. Aber dann machen wir danach vielleicht erst mal ein halbes Jahr gar nichts mehr. Weil wir einfach platt sind.

Aktiv zu bleiben, ist wichtiger, als aktiv zu sein. So zu denken, lenkt den Blick nach vorne und erinnert uns immer mal wieder, wie wichtig Pausen und tägliche Zufriedenheit sind. Dankbarkeit für das Erreichte steht an erster Stelle. Und große Dankbarkeit lässt sich hervorragend mit einem Feierlikör untermalen.

Jetzt muss endlich erklärt werden, was es mit dem »Feierlikör«, der schon erwähnt wurde, auf sich hat: Feierlikör ist eine »Spezialität«, die zu gleichen Teilen aus Fernet Branca und Eierlikör besteht. Ein Getränk für jede Lebenslage. In den miesen Momenten zeigt dir der Fernet-Anteil, dass er noch bitterer sein kann als dein Leben. Und wenn wir Grund zum Feiern haben, dann beginnt der Abend mit dem Satz: »Zeit für den Feierlikör.«

*

Am letzten Abend der Hüttenwoche im Harz liegt uns die Zukunft buchstäblich zu Füßen. Wir sitzen mit einem Glas Whisky in der Hand auf dem Boden. Die beschriebenen Flipchart-Blätter sind ringsum verteilt. Wir haben viele Ideen besprochen, konkrete Pläne geschmiedet und auch ein paar technische Details geklärt. Beispielsweise die Idee, auf unseren Handys einen geteilten Kalender einzurichten. Wenn einer von uns einen dienstlichen Termin einträgt, soll dieser sofort beim anderen in der Kalenderübersicht auftauchen. So haben wir gegenseitig unsere Termine im Blick und können gemeinsame Treffen planen, ohne jedes Mal den anderen vorher zu fragen. Das ist megapraktisch.

Viele unserer Ideen, die wir nun noch einmal kurz betrachten, sind vielversprechend. Aber wir entscheiden, dass in den ersten Wochen niemand in unserer neuen Gemeinde davon hören wird. Denn wir haben zwar einen Sack voll Ideen, aber wir wollen den niemandem überstülpen. Offen und neugierig wollen wir den Menschen im Viertel begegnen. Nach ihren Bedürfnissen fragen. Hören, was sie zu sagen haben. Sie sind die Profis für ihr eigenes Leben, haben auch mit Blick auf die Gemeindearbeit viel Erfahrung. Zuallererst wollen wir von ihnen lernen. Und dann schauen, wie es weitergeht. Der Schlüssel für die Tür zu den Herzen der Menschen ist ehrliches Interesse. Wenn deine Neugier von Herzen kommt und du Bock auf ein gutes Miteinander hast, dann checkt das dein Gegenüber.

Gleichzeitig merken wir später in den ersten Wochen in Bremerhaven schnell, dass die Menschen, die in unserem Viertel leben, ein ausgeprägtes Bullshit-Radar haben. Wenn wir ihnen etwas vorspielen oder mit intellektuellen Formulierungen daherkommen würden, dann hätten wir keine Chance, bei ihnen zu landen. Die Leute prüfen, ob du dein Wort hältst. Leere Versprechen kennen sie zur Genüge.

Kirche ist Beziehung. Die Leute kommen nicht nur für den dreieinigen Gott in die Kirche, sondern auch, weil sie dich als Mensch kennen und schätzen, weil sie dir vertrauen.

Vertrauen bekommst du nur geschenkt, das kannst du nicht einfordern.

*

Das Bild von Kirche ist bei vielen Leuten überdeckt von einer fingerdicken Staubschicht. Das ist die stille Mehrheit. Viele sind noch (!) Mitglied, zahlen Kirchensteuer und kommen eigentlich nie vorbei. Andere denken öfter darüber nach, dass sie irgendetwas in ihrem Leben vermissen. Manche lassen sich dreimal im Jahr an den großen Feiertagen sehen. Zumindest am Weihnachtsabend ist die Kirche dann voll.

In den Augen einiger Kritiker*innen – durchaus auch aus den eigenen Reihen – ist die Kirche ein Sammelbecken für Spielverderber, Kostverächter und Feinde von Sexualität. Und ja, es gab und gibt innerhalb der Kirche auch Ecken, wo dies zutrifft. Aber damit wollen wir uns an dieser Stelle nicht beschäftigen. Denn wo viel Licht ist, da ist immer auch Schatten. Für uns überwiegt trotz mancher Kritik an einer zu lahmen Bewegung die Begeisterung für den Glauben und das Schöne, das damit einhergeht.

Aber natürlich ist nicht alles in der Kirche gut, so wie es ist. Der alte Tanker hat durchaus einige Risse, unter Deck einen Wassereinbruch und mit hohem Seegang zu kämpfen. Manche Besatzungsmitglieder können sich nur noch undeutlich erinnern, weshalb sie noch an Bord sind. Deshalb ist es an der Zeit für eine Kursbestimmung. Es lohnt sich, genau zuzuhören, wenn die stille Mehrheit mal eine Bemerkung fallen lässt, die klarmacht, welche verborgene Sehnsucht hinter der Müdigkeit steckt.

164

Echt sein, Position zu beziehen. Darauf kommt es an. Dafür Einblicke ins eigene Leben zu geben, ist eine Chance der digitalen Kirche. Im Internet funktioniert das, was echt ist. Und das ist eine der großen Schwächen der kirchlichen Formen, weil sie nicht mehr als verständlich und echt empfunden werden. Deshalb zeigen wir mit Posts, Videos und kleinen Storys aus dem Alltag, wie normal wir sind. Das führt immer wieder zu Erstaunen. Viele Leuten verbinden mit der Kirche ein schräges Bild von Heiligkeit. Aber wir sind genauso lieb oder schräg wie der Rest der Welt. Aus diesem Grund erzählen wir auch, was uns ans Herz oder auf den Senkel geht. Wenn wir von unseren inneren Kämpfen erzählen, baut das eine Beziehung zu anderen auf. Weil wir uns so gegenseitig zeigen können, wie ähnlich die Probleme und Wünsche sind.

Wenn uns beispielsweise die Beerdigung eines jungen Menschen durchschüttelt, zeigen wir offen, wie wütend wir auf Gott sind – und sagen, dass der Tod ein Arschloch ist. Oder wenn Gemeindemitglieder über eine halbe Stunde lang darüber diskutieren wollen, welches der grünen Deckchen auf dem Altar liegen soll. Ob es das samtgrüne mit der Rüschenborte sein soll oder doch lieber das leider schon etwas ausgeblichene mit den schicken Stickereien. Ganz ehrlich, uns könnte nichts egaler sein als das Deckchen auf dem Altar. Es gibt so viele echte Probleme, um die wir uns als Kirche kümmern sollten. Farbfragen gehören für uns nicht dazu.

Wenn wir von dem erzählen, was mit Kirche und Glauben alles geht, kann das andere Menschen inspirieren. Deshalb ist es beispielsweise auch wichtig zu sagen, dass der christliche Glaube alles andere als lebensfeindlich ist. Indem wir Sexualität als einen positiven Teil des Lebens und ein Geschenk Gottes verstehen, brauchen wir uns nicht zu schämen, wenn wir dieses Geschenk und einander auspacken.

*

In der Kirche zu arbeiten ist schon ein bisschen abgefahren. Aber niemand wird dadurch heiliger oder gerechter. Wer das anstrebt, auf den warten am Ende nur Scheinheiligkeit und Selbstgerechtigkeit. Verbundenheit entsteht, wenn wir merken, wie ähnlich wir uns sind. Chris ist zum Beispiel noch immer megaharmoniebedürftig. In ihm lebt ein kleiner Teddybär, der einfach nur gemocht werden will. Aber ihm war auch von vornherein klar, dass er bei über 2000 Gemeindemitgliedern nicht allen Vorstellungen gerecht werden kann. Vor allem, wenn wir etwas ändern wollen.

Einiges schieben wir in der neuen Gemeinde sofort an. Zum Beispiel den Internetanschluss. Unserem Vorgänger hatte der vorhandene ISDN-Anschluss genügt. Chris ist klar: Für Netflix reicht das nicht. Wir brauchen mehr Leistung. Direkt im ersten Monat kommt ein Techniker von den lokalen Stadtwerken, um den Anschluss freizuschalten. In diesem Zuge entfernt er auch ungefragt – wir zitieren – »Das uralte vergilbte Ding, was da noch an der Wand hing«. Leider stellt sich dieses »uralte Ding« als das Herzstück der Telefon- und Internetanlage unserer Gemeinde heraus. Was wir aber erst ein paar Stunden später herausfinden, als unsere Sekretärin mitteilt, dass ihr Telefon nicht mehr funktioniert. Zuerst überlegen wir, wer so eine uralte Technik reparieren kann, aber merken schnell: rückwärts ist keine Richtung. Deshalb schaffen wir eine neue Telefonanlage an. Als das Gemeindebüro sowie das Pfarrhaus endlich stabiles Internet haben, kommt der Wunsch auf, auch die Kirche mit WLAN zu versorgen. Wir greifen die Anregung gerne auf und setzen sie um. Praktischerweise hat jemand aus unserer Gemeinde bei der Telekom seine Ausbildung gemacht. Mit ihm spielen wir die verschiedenen Möglichkeiten durch. Am Ende kommen wir zu dem Schluss, dass es am günstigsten ist, einen Kanal für die neue Leitung zum WLAN-Router vom Büro quer durch den Gemeindegarten zur Kirche zu graben. Einen Nachmittag lang buddeln wir mit ein paar Ehrenamtlichen und unserem Küster einen 70 Meter langen Schacht durch den Garten. Für die notwendigen Pausen haben wir einen Kasten Limo bereitgestellt. Es dauert alles länger als ursprünglich geplant. Am späten Nachmittag entdecken wir die ersten Blasen an unseren Händen, gegen Abend ist das Kabel verlegt. Aber der »Bremerhavener Sonnenschein« sorgt dafür, dass wir den ausgehobenen Schacht erst zwei Tage später wieder zuschaufeln. Hinter uns liegen zwei anstrengende, aber auch schöne Nachmittage mit engagierten Menschen aus der Gemeinde.

Einiges schieben wir an, nebenbei freuen wir uns über den ein oder anderen Selbstläufer. Dafür sind die »Frag die Captains«-Videos ein Paradebeispiel. Ursprünglich haben wir die Videos nur für die Chormitglieder aus unserer Gemeinde gedreht und darin auf ihre Fragen geantwortet. Hätte unsere Kirchenmusikerin Vivi uns nicht gesagt, dass sie die Videos voll lustig findet und auf Youtube veröffentlichen möchte, wären sie nie an die Öffentlichkeit gelangt. Wir hätten sie jedenfalls nicht online gestellt. Aber wir haben Vivi vertraut, und sie hatte recht. Noch heute werden wir immer wieder auf das Filmchen angesprochen, in dem wir über die Brote mit geschmolzenem Snickers reden.

Mittlerweile sprechen uns im Viertel regelmäßig Leute an: »Ey, ihr seid doch die von der Kirche.« Und wir kommen entspannt ins Gespräch. Trotzdem bleiben Hürden und Ängste. Nicht nur in den ersten Monaten haben wir Nachrichten wie diese bekommen: »Moin, ich habe eine Frage: Dürfen wir einfach so in den Gottesdienst kommen? Wir sind nämlich nicht Mitglied oder so was. Ist das trotzdem okay?« Unsere Antwort lautet: »Wenn du vorbeikommen möchtest, dann feiern wir das hart. Du bist hier immer willkommen.«

Wir fragen nicht nach Mitgliedschaft. Denn das hätte einen seltsamen Beigeschmack. Das wäre so, als ob wir sagen würden: »Du bist willkommen, so, wie du bist, aber nur, wenn du vorher hier rechts unten auf dem Formular unterschreibst.«

Manche wollen nach einiger Zeit tatsächlich offiziell Kirchenmitglied werden, aber nicht, weil wir Werbung dafür machen, sondern weil es ihnen wichtig ist. Leider ist der Aufnahmebogen vom Kirchenamt mega-unsexy und kompliziert.

Jesus sagte damals: »Folge mir nach.« Das geht natürlich auch heute einfach so. Aber wenn du zu seiner Kirche gehören willst, heißt es: »Fülle bitte das Formular vollständig aus.«

*

Faszinierenderweise fragen uns immer wieder Menschen aus der Gemeinde, was sie tun können, um uns zu unterstützen. Das empfinden wir als ein Geschenk! Und wir haben einen bunten Mix an Beteiligungsmöglichkeiten zur Auswahl: Beispielsweise Teil des Gottesdienstteams zu werden.

Oder sich in einer der Gemeindegruppen einzubringen. Und selbst, wenn uns irgendwann mal die Ideen ausgehen sollten, dann können wir uns voll auf unser Team von Mitarbeiter*innen verlassen, das ständig neue Einfälle hat.

Genauso großes Glück haben wir mit unserem Kirchenvorstand. Wenn uns dessen Mitglieder gleich zu Beginn gesagt hätten: »Jungs, macht mal nicht so wild. Wir gestalten das hier schon immer so – und so soll es auch bleiben«, dann hätte es Stillstand statt Fortschritt gegeben. Eine Kirchengemeinde kann sich nur gemeinsam auf den Weg machen. Es braucht vor allem die Unterstützung aller, die über die Richtung mitentscheiden.

Wir sind uns im Kirchenvorstand einig, was unsere Kirche inmitten all der Wohnblöcke sein soll: Wir wollen daran arbeiten, dass die Kirche in jeder Hinsicht ein Treffpunkt für das Viertel wird. Ein Ort, an dem wir liebevoll miteinander umgehen. Alle sollen willkommen sein, egal, was sie machen, egal, wen sie lieben, und egal, wie sie riechen. Wir wünschen uns einen bewertungsfreien und wertschätzenden Raum: eine Zuhausekirche.

Es braucht mehr als nur Ideen, um dieses Ziel umzusetzen. Denn Ideen, was getan werden könnte, damit es vorangeht, hat die Kirche schon seit Jahrzehnten. Wir lieben es einfach, loszulegen und Neues auszutesten.

Niemand kann sich im Vorhinein vorstellen, wie sich eine neue Gottesdienstform anfühlt. Das können wir nur zusammen erleben und anschließend darüber schnacken. So machen wir es mit jeder Neuerung. »Probeweise« ist das Zauberwort. Einfach mal etwas Neues ausprobieren und sich nicht entmutigen lassen, wenn es Rückschläge gibt. Wenn etwas schiefgeht. Oder der einen oder dem anderen nicht gefällt. Etwas rückgängig zu machen, weil es auf Dauer nicht passt, geht immer.

Um die Gottesdienste für die Mehrheit der Menschen im Viertel verständlicher zu machen, haben wir althergebrachte Formulierungen in der Liturgie verändert oder ganz gestrichen. Manche Lieder, deren Text ohnehin kaum einer verstanden hat, singen wir nicht mehr. Und wir haben immer wieder die Leute, die ganz neu dazukamen, nach dem Gottesdienst gefragt, ob sie irgendetwas nicht verstanden haben. Das kam dann auch auf den Prüfstand.

Das schwarze Pastor*innenkleid lassen wir im Schrank hängen und tragen stattdessen Alltagsklamotten. In unseren Predigten geht es um Beziehungsprobleme, Herausforderungen des Alltags und Gefühle, die uns zu schaffen machen. Gott spielt bei all solchen Fragen eine ganz wichtige Rolle. Er weiß Antworten auf die schwierigsten Fragen. Und er ist mit uns unterwegs. Davon erzählen wir.

Vieles in unserer Gemeinde, vor allem die Abläufe und das Miteinander im Gottesdienst, haben wir erneuert. Wir versuchen, mit den Menschen immer auf Augenhöhe zu sprechen. Und wir hören genau hin, wo sie der Schuh drückt. Wir setzen das um, was die Kirche schon seit Jahrzehnten weiß: Dass sie sich anpassen muss. Die Rolle der Kirche bei uns im Viertel heißt: helfen, unabhängig davon, ob jemand an Gott glaubt oder nicht. Den ersten mutigen Schritt können wir nicht von den Leuten erwarten und selbst hinter unseren sicheren Kirchenmauern bleiben. Deshalb sind wir als Pastoren auch jeden Tag im Viertel, auf den Spielplätzen, in den Kneipen und im Discounter unterwegs. Und wir tummeln uns in den sozialen Medien. Wir machen den ersten Schritt.

Nichts muss auf Anhieb perfekt sein. Wir geben unser Bestes, und das reicht. Denn entweder gibt Gott seinen Segen dazu und aus einem Projekt wird viel mehr, als wir uns vorgestellt hatten. Oder eben nicht. Wenn eine Gemeinde viel Neues ausprobieren will, dann braucht es auch regelmäßig einen kritischen Blick. Eine Person, die fragt: »Läuft der Bumms hier oder nicht?«

Gott ist derjenige, der vieles zu Ende bringt, an dem wir lange herumprobiert haben. Deshalb gehen wir entspannt neue Wege und sind gespannt, wo Gott uns hinführt.

Wer viel ausprobiert, muss auch vieles wieder sein lassen. Zum Beispiel haben wir spirituelle Übungen zum Wochenabschluss angeboten, die wir nach einigen Monaten mangels Nachfrage wieder eingestellt haben. Aber Scheitern ist nicht das Gegenteil von Erfolg, sondern gehört zum Prozess dazu. Nur weil etwas neu ist, ist es nicht automatisch gut. Das gilt umgekehrt genauso. Deshalb befördern wir viele alte Formen in den Ruhestand, weil sie schon lange nicht mehr funktionieren. Sowohl das Alte als auch unsere neuen Versuche nehmen wir kritisch unter die Lupe und handeln dementsprechend. Als Kirche müssen wir nicht immer noch mehr machen, sondern eben auch bewusst Dinge sein lassen.

Unser Glockenturm ist ein Beispiel dafür. Als wir unsere Stelle in Bremerhaven antraten, läuteten die Glocken jeden Morgen um acht Uhr. Jeden Morgen! Wie sollten wir im Viertel als Kirche gut ankommen, wenn wir die Trottel sind, die frühmorgens erst mal Alarm machen? Das Schlafzimmer von Chris ist, nebenbei bemerkt, der Raum, der am dichtesten an den Glocken dran ist. Aber das war nicht der entscheidende Grund. Auf jeden Fall sind die Glocken jetzt während der Woche morgens brav und still – und läuten nur am Sonntag.

Kirche lebt durch Beziehung. Sowohl hier vor Ort als auch im Internet. Wir kommen mit den Leuten im Dönerladen, auf der Parkbank und auf Instagram ins Gespräch. Eben da, wo das Leben stattfindet. Und weil viele Menschen nicht mehr zwischen digital und analog unterscheiden, ist die digitale Kirche eine notwendige Ergänzung. Und sicherlich auch ein wichtiger Baustein für die Zukunft der Kirche. Denn die Chancen einer Online-Community sind im wahrsten Sinne des Wortes grenzenlos. Eine christliche Gemeinschaft ist nicht an Ortsgrenzen gebunden. Du kannst dazugehören, unabhängig davon, wo du gerade auf der Welt unterwegs bist. Eine digitale Kirche hat immer einen Platz frei. Alle, denen diese Form passt, können sich direkt einklinken und dabei sein. Neugierige Menschen in den Gemeinden vor Ort können erst einmal aus sicherer Distanz den Gottesdienst miterleben. Es ist deutlich einfacher, sich einen Stream anzusehen, als den Mut aufzubringen, in eine Kirche zu gehen und sich auf etwas Unbekanntes einzulassen. Digitale Gemeindearbeit ist chancenreich, weil einsame Menschen Anschluss bekommen können. Weil neue Verbindungen entstehen. Zusätzlich ist die digitale Kirche immer für dich da, genau dann, wenn du sie brauchst. Du kannst dir Beiträge ansehen und Texte lesen, wenn du gerade etwas Zeit dafür übrighast. Durch das Smartphone kann Kirche überall dort sein, wo es Internet gibt. Und sollte es irgendwo mal kein Netz geben, können wir trotzdem entspannt sein, weil Gott überall Empfang hat.

Um von der göttlichen Liebesbotschaft zu erzählen, hat jede*r von uns Werkzeuge geschenkt bekommen: die eigene Sprache und Bilder des Alltags. Als Jugendliche dachten wir in der Kirche oft: »Alter, jetzt rede doch einfach normal. Sag es verständlich, mit Worten, die normale Menschen benutzen.« Klar, wir haben als Kirche andere Botschaften als Fußballfans in der Nordkurve im Stadion – aber wir sollten eine Sprache sprechen, die auch dort ankommen würde und nicht für große Fragezeichen auf der Stirn sorgen.

*

»Angst ist wie ein Partygast, den niemand eingeladen hat. Einer, der uns ständig von der Seite anquatscht, während wir eigentlich anderen zuhören wollen. Ein nerviger Typ.«

Chris predigt und steuert auf einen Frage- und Mitmachteil zu, den wir regelmäßig in unsere Gottesdienste einbauen. Heute spricht er über ein Thema, das viele im Viertel beschäftigt: »Angst will uns beschützen, aber wenn wir nur auf sie hören, dann geht alles in die Hose. Denn sie hat immer nur drei Ideen: Verstecken, Angreifen und Totstellen. Das rettet uns vielleicht vor einem Tyrannosaurus Rex, aber vor dem Leben an sich können wir uns nicht verstecken. Und wenn die Angst erst mal am Ruder ist, dann wird sie echt kreativ.

Wir könnten uns vor allem fürchten. Ich habe mal jemanden getroffen, der sich vor Eichhörnchen gefürchtet hat. Andere haben Angst, allein im Aufzug zu fahren.

Und jetzt brauche ich eure Hilfe: Ruft mal rein, wovor Leute Angst haben können.«

Verschiedene Stimmen melden sich zu Wort: »Vor einer Prüfung«, »Vor Spinnen!«, »Nachts im Dunkeln« und vieles mehr wird genannt. Am Ende meldet sich die siebenjährige Emma und sagt: »Unser Hund ist letzte Woche gestorben. Wo ist er jetzt?«

Chris schaut kurz auf seine Predigtnotizen, und ihm wird klar, dass er jetzt nicht einfach den Rest seiner Predigt vortragen kann. Diese Frage ist wichtiger. Er konzentriert sich ganz auf das Gespräch mit Emma. Zuerst sagt er ihr, dass es ihn auch traurig macht, das zu hören, und fragt nach dem Namen des Hundes.

»Er heißt Muffin«, sagt das junge Mädchen.

Weißt du, Emma, der liebe Gott hat alle Menschen und auch alle Hunde mit ganz viel Liebe gemacht. Diese Liebe hört niemals auf. Wenn ein Mensch oder ein Hund sterben, dann kommt er oder sie zu Gott. Und der nimmt sie in seine Arme. Früher hast du mit deiner Familie auf euren Hund aufgepasst, und jetzt passt Gott auf Muffin auf. Nach dem Gottesdienst können wir gemeinsam eine Kerze für Muffin anzünden.

Dann wendet sich Chris an die ganze Gemeinde: »So, wie es Emma gerade geht, ging es mir schon oft. Ich kenne das Gefühl, jemanden so sehr zu vermissen, dass es wehtut. In irgendeiner Form haben wir das alle schon erlebt, und Gott hilft uns, damit leben zu lernen. Deshalb nehmen wir uns beim nächsten Lied, das die Band für uns spielt, Zeit, um an all diejenigen zu denken, die wir lieben und vermissen. Und nach dem Song beten wir zusammen, damit Gott uns seine Hoffnung schenken kann. Amen.«

Nach dem Gottesdienst trifft sich Chris mit Emmas Familie am Kerzenständer. Emma entscheidet sich für zwei Kerzen, denen sie Namen gibt. Die eine heißt: »Wir vermissen Muffin« und die andere »Danke, dass Muffin ein Teil unserer Familie war«.

*

Musikalisches Talent ist ebenfalls wichtig, um die Herzen der Menschen zu erreichen. Weil wir selber keines besitzen, haben wir uns auf die Suche nach Personen gemacht, die richtig toll Musik machen können. Unsere Suche hat nicht lange gedauert. Gleich in der zweiten Woche haben wir uns mit unserer Kirchenmusikerin Vivi getroffen. Sie hatte sich vorher schon per Mail bei uns vorgestellt. In ihrer Nachricht stand: »Ich bin diejenige für die bekloppten Ideen.« Das klang schon mal richtig gut. Und wir wollen natürlich genauer wissen, was sie damit meint.

Vivi hat uns in ihren Garten eingeladen, und wir haben erst mal gemütlich geplaudert. Musiker*innen scheinen Menschen über die Musikgenres, die sie mögen, kennenzulernen. Vermutlich fragte uns Vivi deshalb direkt als Erstes nach unseren musikalischen Vorlieben. Und sie erzählte uns, dass vor allem das Klavier ihr Herzensinstrument ist. Im Gottesdienst spielt sie Klavier statt Orgel.

Am Tisch sitzen drei Leute, die sechs völlig unterschiedliche Musikgenres feiern. Und trotzdem verstehen wir uns hervorragend. Vor allem sind wir uns alle darin einig, dass wir jede Musikrichtung feiern, solange die Musizierenden mit Herz bei der Sache sind. Und das sagen wir Vivi auch. Sie strahlt uns an. Denn wir wollen, dass alle begeistert von dem sind, was sie tun, und haben mit Vivi jemand im Team, der richtig viel Bock auf neue Musik im Gottesdienst hat. Im Handumdrehen motiviert Vivi andere Musiker*innen, mitzumachen. Und so haben wir schon einen Monat später eine Liveband im Gottesdienst, eine, die es schafft, auch alte Kirchenmelodien an moderne Hörgewohnheiten anzupassen. Jeden unserer Gottesdienste beginnt die Band mit einer Reihe von Worship-Songs, also gesungenen Gebeten. Die

Musiker*innen versuchen, mit ihren Instrumenten und dem Gesang die Liebe Gottes hörbar zu machen.

*

Manchmal ist unsere Aufgabe als Pastoren einfach nur, den Menschen in der Gemeinde, die sich ausprobieren wollen, den nötigen Raum dafür zu geben. Talente zu finden und ihnen Freiräume zu verschaffen, kreativ zu werden. Beispielsweise basteln wir gerade mit einem Rapper aus dem Viertel an einem Gottesdienst. Und auch andere Musiker*innen sind in unseren Gottesdiensten herzlich willkommen. Weil Vivi ein paar Wochen lang krank ist, kann sie auch keine Musik im Gottesdienst machen. Natürlich hätten wir für diese Zeit eine*n Organist*in anfragen können. Stattdessen fragt Max seinen Gesangslehrer Simon, ob er im Gottesdienst auftreten will. Damit Simon keine neuen Lieder proben muss, sagt Max ihm: »Spiel einfach ein paar von den Liedern, die du eh im Repertoire hast.« Und während des Gottesdienstes passiert etwas Wunderbares: Die Lieder von Simon passen wie von selbst zur Predigt und den Gebeten. Beides greift Hand in Hand, und es entstehen Momente, die so nur mit Gottes Hilfe geschehen. Dadurch, dass immer mal andere Menschen mitwirken, gelingt uns immer wieder Neues. Denn jede*r neue Beteiligte bringt neue Ideen mit ein.

Indem wir mit dem Vorhandenen experimentieren, ergeben sich neue Spielfelder, die andere Menschen als bisher anziehen. Manches Neue gefällt auch denen, die sich erst einmal nicht vorstellen konnten, dass es auch anders als bisher gut sein könnte. Wenn wir einen Gottesdienst planen, fragen wir uns, was wir tun können, damit aus der Feier ein

Erlebnis wird. Die ängstliche Frage, ob es irgendjemanden gibt, der daran Anstoß nehmen könnte, hilft nicht weiter.

Für alle, die die traditionellen Gottesdienste bevorzugen, haben wir ja auch noch was im Angebot. Jeden dritten Gottesdienst feiert unsere Gemeinde mit Orgel und Talar. Aber auch dort bringen wir neue Elemente mit ein und nennen ihn deshalb: den aufgepeppten Klassiker.

*

Kirche denken wir grundsätzlich größer als unsere eigene Gemeinde. Wir wollen nicht bloß unser eigenes Süppchen kochen, sondern sehen uns als Teil aller Gemeinden im Umkreis. Und in diesem Kreis wollen wir die traditionellen Formen durch neue Erlebnis-Gottesdienste ergänzen. Damit viele verschiedene Gottesdienst- und Gemeindeformen in einer Region entstehen und für möglichst viele Menschentypen etwas Passendes dabei ist. Es muss nicht jede Gemeinde alle Stile anbieten, sondern vor allem ihren eigenen. Aber es sollte eine Auswahl an verschiedenen Möglichkeiten vorhanden sein.

Alle zusammen sind wir ein Teil von Gottes Vielfalt, die noch bunter ist als das, was wir uns vorstellen können. Wir probieren viel aus – und wir sind noch lange nicht fertig mit unserer Suche nach Wegen, auf denen möglichst viele mitkommen.

Echt zu sein ist die Grundlage für alles. Die »I am what I am«-Einstellung von Gloria Gaynor finden wir großartig.

Wir möchten Gottesdienste anbieten, auf die wir selber richtig Bock haben. Weil wir so am ehrlichsten von Gott erzählen können. Dabei achten wir natürlich darauf, dass alle Gottesdienstteilnehmer*innen in der Form dabei sein und mitfeiern können, die ihnen entspricht. Alles kann, nichts muss. Manche möchten vielleicht einfach nur anwesend sein, mitfühlen und mitdenken. Wer mehr möchte, kann bei den Aktionen mitmachen und bei den Liedern mitklatschen. Und wem das nicht reicht, der kann sich einbringen, Teil des Teams werden und mitgestalten. In regelmäßigen Abständen laden wir nach dem Gottesdienst dazu ein. Wir sagen: »Wenn ihr Ideen habt, was wir mal ausprobieren sollen, dann sprecht uns an. Und wenn ihr Bock habt, hier mitzumachen, dann finden wir gemeinsam einen Platz für euch.«

Jeder Gottesdienst wird von einem Team geplant und umgesetzt. Die Gruppe trifft sich am Anfang der Woche, entwickelt das Thema und die verschiedenen Elemente, die den Gottesdienst am Ende ausmachen. Dabei ist uns wichtig, dass möglichst viele verschiedene Persönlichkeiten mitwirken. Dadurch wird das Angebot vielfältiger, und mehr Menschen fühlen sich davon angesprochen. Oft entstehen im Team Ideen, auf die wir selbst nie gekommen wären. Faszinierende, kreative Elemente, Mitmachangebote, die es so noch nie zuvor gab.

*

Kritiker*innen behaupten: Predigten beantworten oft Fragen, die sich eigentlich niemand gestellt hat. Das nehmen wir uns zu Herzen. Und wir versuchen, unser Bestes zu geben, wenn wir predigen. Genau hinzuhören und dann die Fragen aufzugreifen, die die Menschen in unserer Gemeinde haben.

Was viele nicht wissen: Pfarrer*innen suchen sich die Bibel-stellen, über die sie predigen, nicht selbst aus. Es gibt für die kirchliche Arbeit ein sogenanntes »Perikopenbuch«. Darin bekommt jeder Gottesdienst einen eigenen Namen (meis-tens auf Latein), und es werden für den jeweiligen Sonntag oder Feiertag Bibelstellen und Lieder vorgeschrieben. Die Idee dahinter ist, dass Pastor*innen nicht immer nur über ihre Lieblingsbibelstellen predigen. Diese Vorgaben bewir-ken aber auch, dass Kolleg*innen ihre Predigten mit dem Satz beginnen: »Als ich den Bibeltext für diesen Sonntag las, tat ich mich damit sehr schwer ...« Ein spannender Einstieg sieht anders aus. Wir betrachten die Vorgaben eher als Vor-schläge. Und die lateinischen Namen für die jeweiligen Sonntage erwähnen wir niemals.

Mit dem Predigen wechseln wir uns als Pastoren ab. Für diesen Sonntag Laetare besteht das Vorbereitungsteam aus Vivi und Max. Außerdem sind Frauke und Danni dabei. Bei-de sind im Kirchenvorstand aktiv und kümmern sich in den Gottesdiensten um den Stream oder den Gesang. Nicht zu-letzt ist Klaus mit von der Partie, er ist für die Technik, das Bassspielen und die schlechten Wortwitze zuständig.

Den Kirchen-Nerds sagt der Name Laetare, dass wir uns in der vorösterlichen Fastenzeit befinden und dass dieser Gottesdienst auch »das kleine Ostern« genannt wird. Dieses Fachwissen hat bei uns in der Gemeinde niemand. Selbst Max hat diese Information gegoogelt. Als Predigttext wird die »Ankündigung der Verherrlichung Jesu« vorgeschlagen. Uns ist sofort klar: Damit gewinnen wir in unserer Gemein-de keinen Blumentopf.

Wenn Max die Predigt hält, stellt er den anderen aus dem Team meist kurz das vorgeschlagene Thema und die dazugehörigen Texte vor, und wir brainstormen gemeinsam, ob uns etwas dazu einfällt. Chris lässt diesen Schritt einfach weg und fragt sich, was in der Gemeinde gerade »dran« ist. Wenn sich daraus ein Thema ergibt, schaut er gar nicht nach den offiziellen Vorschlägen für den Gottesdienst.

Die Überschrift »Das kleine Ostern« gefällt uns. Der Gottesdienst soll auf das anstehende Osterfest vorbereiten. Vivi wird im Gottesdienst ein paar Osterlieder spielen, und Max will alle Fragen, die es zu Ostern gibt, in der Predigt beantworten. Frauke postet darum auf dem Instagram-Kanal der Gemeinde eine Umfrage: »Was wolltest du schon immer über Ostern wissen?« Und sie stellt dieselbe Frage außerdem in mehreren Whatsapp-Gruppen der Gemeinde.

Nach wenigen Tagen sind so viele Fragen zusammengekommen, dass Max klar wird: Die Predigt wird dieses Mal länger dauern. Normalerweise ist er mehr so der »Kurz und knapp-Typ« und predigt selten länger als sechs Minuten.

Aber jetzt soll jede Frage, die gestellt wurde, auch wirklich beantwortet werden. Jede! Die meisten Fragen fallen in die Kategorie: »Sauspannend – aber dazu haben wir in der Uni nichts gelernt.«

Zum Glück sind es noch einige Tage bis zum Gottesdienst. Max überlegt kurz, ob er all die schlauen Bücher, die er während des Studiums angesammelt hat, zurate ziehen soll. Aber dann googelt er doch und liest Wikipedia-Einträge – geht halt schneller. Nur in den seltenen Fällen, in denen Doktor Google keine klare Antwort liefert, greift er zu den Büchern.

Allerdings sind einige Fragen so gut, dass selbst die schlausten Bücher keine Antworten darauf haben. Auf die Frage: »Warum der Gründonnerstag keine andere Farbe bekommen hat?«, kann Max nur mit verschiedenen Theorien antworten. Andere Fragen sind witzig und genial formuliert. Zum Beispiel:

»Western kenne ich aus dem Fernsehen, aber woher kommt der Name Ostern?«

Max antwortet in der Predigt darauf wie folgt:

»Das Fest hat mehrere Namen. Wenn wir noch Plattdeutsch sprechen würden, wäre die Antwort ganz einfach. Denn upp Platt heißt Ostern ›Paasken‹. Und das erinnert an das hebräische Pascha-Fest, das zeitgleich stattfindet. Wenn ihr jetzt denkt: Okay, Max, aber bei uns kommen ja auch nicht die Paasken-Hasen … dann habt ihr natürlich recht. Im Hochdeutschen geht der Name auf den altgermanischen Begriff: ›Austro‹ zurück. Das hat nichts mit teuren Muscheln zu tun, sondern bedeutet: Morgenröte.

Jetzt könntet ihr sagen: Aber Max, in der Serie ›American Gods‹ gibt es eine germanische Lichtgöttin Namens: ›Ostera‹. Und die heißt so, weil das Osterfest mit dem Frühlingsanfang zusammenfällt. Aber das stimmt so nicht. Der Name ist frei erfunden. Wahrscheinlich wurde er gewählt, weil das leere Grab von Jesus am frühen Morgen entdeckt wurde, als gerade die Sonne aufging. Zusätzlich ist die Morgenröte das Symbol der Auferstehung. Die Merkhilfe lautet also: Sonnenaufgang – Osten – Ostern. Im Westen sehen wir den Sonnenuntergang, in den die Cowboys am Ende des Filmes reiten. Da ist die Merkhilfe deshalb genau andersherum: Sonnenuntergang – Westen – Western.« Noch Fragen?

Das Wort »Team« übersetzen manche Menschen scherzhaft mit dem Satz: »Toll, ein anderer macht's.« Für uns ist Gott oft der andere. Derjenige, der es letztlich rausreißt und in die Hand nimmt. Für uns Kirchenrebell*innen heißt das: Wir können angstfrei Althergebrachtes durch Neues ersetzen und etwas ausprobieren. Kirche verändert sich nur, wenn wir sie anders machen. Wir können damit danebenliegen oder den großen Wurf landen. Aber das Entscheidende bringt Gott auf den Weg. Die Hoffnung liegt nicht allein in neuen oder alten Formen, sondern in Gottes Hand. Das schafft Freiräume, das eröffnet Horizonte, das gibt Gelassenheit. Wir können liebevoll Neues ausprobieren, in den Himmel schauen und entspannt sagen: »Toll, ein anderer macht's.«

Nimm auch du dir diese Freiheit und probiere Neues aus. Finde einen Weg, der zu dir und den Menschen passt, mit denen du unterwegs bist – und dann gehe einfach los. Sei gespannt, was der liebe Gott daraus entstehen lässt. Jetzt bist du dran. Also: einfach mal machen.

AM PARTYDEICH

Wir sitzen am Deich auf unseren Skateboards und schauen aufs Meer. Die Sonne geht hinterm Horizont unter. Sonnenuntergänge hat Bremerhaven einfach drauf. *Wir hatten immer große Träume. Schöne Grüße vom Meer,* singt die Band »Sondaschule« aus einer Bluetooth-Box. Max hat ausgesucht und holt zwei Biere aus seiner Tasche, denn es gibt Grund zum Feiern. Er sagt: »Chris, wir sind heute seit genau einem Jahr hier, und es so ist krass, was alles passiert ist.« Chris antwortet: »Einfach abgefahren. Ohne Flachs. So viele unserer Träume sind in Erfüllung gegangen. Gott ist die geilste Sau der Welt.« Max zieht seine Jacke aus und ergänzt: »Weißt du noch, wie wir damals im Polo auf dem Parkplatz vor dem Kloster saßen? Wir hatten einige Ideen und manche Hoffnungen – na gut – und eine Menge Dosenbier. Aber ich hätte nie gedacht, dass wir in so kurzer Zeit so viel umsetzen können. Gott hat uns einfach in die passende Gemeinde geschickt.«

Chris setzt seine Sonnenbrille ab und antwortet: »Er hat aus unserer Gemeinde ein Zuhause gemacht. Ich liebe es, Pastor zu sein, und es ist ein Geschenk, dass ich mich montags schon wieder auf den neuen Gottesdienst mit dem Team freue.« Max fügt hinzu: »Ich bin immer wieder begeistert, dass die Gemeinde Bock hat, mit uns Neues auszuprobieren. Denn sonst wären wir einfach nur zwei Typen mit crazy

Träumen. Und ich bin gespannt, was wir noch zusammen erleben werden.« Wir erheben unsere Biere zum Himmel und sagen wie immer beim Zuprosten: »Danke, Gott.«

ZEHN IMPULSE FÜR KIRCHENREBELL*INNEN

1) Wenn du nichts riskierst, bleibt alles so, wie es ist.
Kirche muss sich verändern, wenn sie auch übermorgen noch Menschen erreichen will. Es braucht die Freiheit, Neues auszuprobieren, Altes zu lassen und Risiken einzugehen. Die Kirche der Zukunft ist bunt.

2) Wo Gottes Geist ist, da ist Freiheit.
Alles, was verhindert, dass die Botschaft Jesu unter die Leute kommt, solltest du infrage stellen und nach neuen Antworten suchen.

3) Arbeite bockorientiert.
Nur wenn du selbst von etwas begeistert bist, wirst du andere begeistern. Feier das Leben. Und gib anderen die Chance, dasselbe zu tun.

4) Nur die Liebe zählt.
Am Ende zählt nicht, wer die meisten Glaubenspunkte gesammelt hat, sondern nur die Liebe Gottes und was sie aus unserem Leben macht. Es ist wichtig, Gefühle zu zeigen!

5) Sei echt. Zeig, was du liebst.
Nur so spüren die Menschen, die du triffst, wie anziehend der christliche Glaube ist. Unsere Kirche wird vielleicht kleiner, aber Gottes Liebe nicht.

6) Sprich so, dass du verstanden wirst.
Glaube ist nicht nur etwas für Intellektuelle – sondern für alle. Sprich so, dass dich alle verstehen können. Das Internet ist eine Chance, um möglichst viele zu erreichen.

7) Anders ist spannend.
Wenn du Veränderung willst, dann fang bei dir selbst an. Und wenn Gott will, kann er die abgefahrensten Dinge daraus machen.

8) Helfen ist das neue sexy.
Eine einzige Frage kann ein Leben ändern: »Was kann ich für dich tun?«

9) Gott liebt auch das Unperfekte.
Es ist okay, wenn uns Fehler passieren. Und wir müssen nichts perfekt machen. Weil Gott uns liebt, können wir entspannt bleiben.

10) Fang einfach an.
Ideen gibt es genug. Es kommt auf die Umsetzung an. Warte nicht, bis der Rest der Welt bereit ist, sondern leg einfach los. Und sei gespannt, was der liebe Gott auf Lager hat.

Foto: Sina Schuldt

Christopher Schlicht, Jahrgang 1988, wuchs in Nienburg, Lüneburg, Clausthal und Loccum als Sohn eines Pastors auf. Er studierte evangelische Theologie in Göttingen. Sein Vikariat verbrachte er in Gronau (Leine). Seit Sommer 2020 ist er als Pastor der Emmaus-Gemeinde in einem sozialen Brennpunkt Bremerhavens tätig.
Instagram: @wynschkind

Maximilian Bode, Jahrgang 1991, wuchs in einem Lehrer*-innenhaushalt auf, hat evangelische Theologie und Philosophie in Marburg und Göttingen studiert. Sein Vikariat verbrachte er in der Kulturkirche Martin Luther in Emden. Jetzt bekleidet er mit Christopher Schlicht das erste Teampfarramt in der Landeskirche Hannovers in der Emmaus-Gemeinde Bremerhaven.
Instagram: @pynk_pastor

Chris und Max gehören zum Evangelischen Contentnetzwerk yeet. www.yeet.de

Aus allem das Beste machen

Stephan Maria Alof hat Humor und spricht gerne Klartext. Traditionelle Kirchenräume verwandelt der Münchener in Paradiesgärten, zur Bergmesse trifft man sich auf einem Hochhausdach. Bis zu 700 Menschen kommen in »St. Max« zu den Gottesdiensten, die er mit Pfarrer Rainer Maria Schießler vorbereitet. Aber da ist auch ein großer Schmerz, wenn er über die Doppelmoral der Kirche spricht. Alof ist wütend, wie Protz, Machtgier und Gewalt in krassem Gegensatz zu dem stehen, was Jesus gelebt und gelehrt hat. Ein Buch für alle, die sich nach einer modernen Kirche sehnen.

Stephan Maria Alof

Do legst di nieda!

Hardcover mit Schutzumschlag
192 Seiten · ISBN 978-3-96340-182-4
€ [D] 18,– · € [A] 18,50

Kirche ganz anders

Carsten Leinhäuser passt in kein Klischee: Der katholische Geistliche ist ein Abenteurer, dem Gott immer wieder anders begegnet – an vielen Orten der Erde und durch faszinierende Menschen. Er erzählt von Beziehungskisten, Gegenwind- und Hoffnungstagen, warum ihn Orangen ans Beten erinnern, was ihn an Kirche stört und weshalb er sie trotzdem mag. Eine Abenteuerreise durch die Welt des christlichen Glaubens: wild, tiefgehend, spannend und mitunter urkomisch.

Carsten Leinhäuser

Unterwegs im Auftrag des Herrn

Klappenbroschur · 192 farbige Seiten
Mit zahlreichen Fotos
ISBN 978-3-96340-084-1
€ [D] 18,– · € [A] 18,50

Der Verlag weist ausdrücklich darauf hin, dass im Text enthaltene externe Links vom Verlag nur bis zum Zeitpunkt der Buchveröffentlichung eingesehen werden konnten. Auf spätere Veränderungen hat der Verlag keinerlei Einfluss. Eine Haftung des Verlags ist daher ausgeschlossen.

Besuchen Sie uns im Internet:
www.bene-verlag.de

Aus Verantwortung für die Umwelt hat sich die Verlagsgruppe Droemer Knaur zu einer nachhaltigen Buchproduktion verpflichtet. Der bewusste Umgang mit unseren Ressourcen, der Schutz unseres Klimas und der Natur gehören zu unseren obersten Unternehmenszielen. Gemeinsam mit unseren Partner*innen und Lieferant*innen setzen wir uns für eine klimaneutrale Buchproduktion ein, die den Erwerb von Klimazertifikaten zur Kompensation des CO_2-Ausstoßes einschließt. Weitere Informationen finden Sie unter: www.klimaneutralerverlag.de

Originalausgabe Oktober 2021
© 2021 bene! Verlag
Ein Imprint der Verlagsgruppe
Droemer Knaur GmbH & Co. KG, München.
Alle Rechte vorbehalten. Das Werk darf – auch teilweise – nur mit Genehmigung des Verlags wiedergegeben werden.
Lektorat: Stefanie Rampsberger und Stefan Wiesner
Gestaltung: Maike Michel
Coverfoto und Foto auf den Seiten 4 und 5: Sina Schuldt
Druck und Bindung: GGP Media GmbH, Pößneck
ISBN 978-3-96340-194-7

5 4 3 2 1